ファミリービジネスのイノベーション

玄場 公規 ●編著
Kiminori Gemba

東京 白桃書房 神田

はじめに

　本書は，4人の執筆者により，ファミリービジネスの優位性，特にイノベーションの創出の能力やイノベーション戦略，また，イノベーション創出の能力の中でも経営者の能力に焦点を当てて研究を行った成果をまとめたものである。ファミリービジネスには定まった定義はないものの，端的には創業家の一族が経営に深く関与している企業である。そして，近年，ファミリービジネスの優位性が改めて見直されている。それはファミリービジネスの業績が優れているという実証結果が数多く提示されているためである。また，一方で，所有と経営が分離している大企業において，重要な意思決定が躊躇される傾向にあること，また，株主のために短期収益を追求し過ぎる姿勢が問題視されている。折しも，日本は，長い歴史を持つ老舗企業が最も多いとされており，ファミリービジネスの優位性を分析することには大きな意義があると考えられる。

　本書は6章の構成となっている。第1章と第2章は，玄場公規が執筆した。また，第3章と第4章は，山﨑泰明が執筆を行った。さらに第5章は西岡慶子，第6章は今橋裕がそれぞれ執筆を担当した。なお，全体の統括として玄場が編集を行った。本書の具体的な内容は以下の通りである。

　第1章の「ファミリービジネスの優位性」では，本書の主題であるファミリービジネスとは何かについて，その定義と特徴について詳細に解説する。ファミリービジネスは，前述のように創業家の親族等（ファミリー）が企業を所有し，経営を行っている企業を意味する。この点では，多くの中小企業がファミリービジネスである。これに対して，一般に良く知られている大企業は，創業家の株式比率が低く，経営にも関与していないことも多い。この場合，株主から信任された経営の専門家，いわば「専門経営者」が経営を担うこととなる。そして，従来の経営論においては，創業家等が経営するファミ

リービジネスではなく，専門経営者が経営する方が効率的と考えられてきた。このような専門経営者が経営する大企業と対比しながら，何故ファミリービジネスが改めて注目されるようになってきたのかを説明する。また，企業における事業ドメインや経営戦略の重要性についても，ファミリービジネスの優位性を理解するための前提として議論を行う。

　第2章「イノベーションの不確実性」においては，本書のもうひとつの主題である「イノベーション」について解説を行う。特に，イノベーションの重要性とともにイノベーションを創出するまでの不確実性を解説する。企業規模の大小を問わず，また，技術を専門とする製造企業や情報通信企業のみならず，流通・小売・サービス企業などの非製造企業においても，イノベーションの創出は重要である。そして，近年，新しい技術を開発することだけではなく，既存の技術を活用して新しいサービスあるいは新しいビジネスモデルを創出することなどもイノベーションに含まれると考えられてきている。この点新しい技術を開発することが不可欠であれば，イノベーションの創出の担い手は技術開発を行っている企業のみと考えられていたが，近年では，どのような企業でも，あるいは個人であってもイノベーションの創出が可能になったといえる。ただし，イノベーションを創出することは重要であるものの，その実現に至るまでに様々な不確実性を克服するマネジメントが必要であることを説明する。

　第3章「企業固有の能力」においては，企業内部の資源の重要性について解説する。近年の戦略論においては，企業を取り巻く外部要因のみならず，企業が内部に保有する能力を重視すべきとする理論が注目されている。この点において，資源に乏しい中小企業にとっては，特に経営者の能力が重要である。経営者の能力が企業に直接反映されるのは，株主の権限が強い大企業よりも，株主でもある創業家が経営に関与するファミリービジネスである。ここでは，既存研究を引用しながら，経営者の能力を中心にイノベーション創出に貢献する企業固有の能力を説明する。

　第4章以降は，具体的なファミリービジネスのケース・スタディを元にファミリービジネスの経営者の能力を提示する。まず，第4章「カテゴリー・イノベーションの創出」では，食品容器や包装のイノベーションにより，新たな

市場のカテゴリーを創出した企業の定量分析及び事例分析を行う。食品は誰にとっても身近な存在であり，そのイノベーションの成果を多くの消費者が享受している。これらは，新たな食品容器や包装のイノベーションが創出されたことにより実現に至ったものが多い。容器や包装のイノベーションは比較的地味な印象になるかもしれないが，これによって，消費者の利便性が飛躍的に向上して，今までになかった市場カテゴリーが創出されている。このような画期的なイノベーションの担い手を特定し，詳細な定量分析及び事例分析を行い，市場カテゴリーを創出した多くのイノベーションがファミリービジネスにより実現したこと，また，その実現に貢献した経営者の能力を提示する。

　第5章「CSVによる競争優位」では，「共有（共通）価値の創造」を意味するCSVにより，競争優位を実現した企業の事例を分析する。CSVとは，事業を通じて社会的な課題を解決することから生まれる「社会価値」と「企業価値」を両立させる経営のフレームワークである。具体的には，企業の従業員のみならず，地域社会も含めて，価値を共有する経営活動であるが，これが企業独自の価値を提供し，他社との差別化による競争優位を実現する可能性がある。ただし，CSVは，従業員や社会に貢献するという点では素晴らしいが，一般に企業は収益を重視するため，時にはCSVと会社の利益が矛盾すると考えられる可能性がある。この点，ファミリー企業は，所有と経営の一致から，企業の貢献が創業家の貢献と捉えることも可能であり，企業の持続的成長とCSVが整合的な経営戦略の指針になり得ると考えられる。本章では，典型的なファミリービジネスの成功事例とファミリービジネスではないものの，現在に至るまで創業者の精神を全従業員に浸透させている大企業のCSVの事例を詳細に分析し，CSV企業が競争優位の源泉となり得ることを提示する。

　第6章「ブランド戦略」では，ファミリービジネスを中心とした中小企業のブランド戦略について議論を行う。企業にとって，ブランドの確立は，差別化戦略のひとつとして有効である。ただし，資源の乏しい中小企業においては，ブランドを確立することは容易ではなく，そもそも製品やサービスの差別化が難しい業界もある。本章では，食品分野の中でも特に製品の差別化

が難しいとされている豆腐製造企業を対象に，従来にはないアイデアと経営者の卓越した能力によって，ブランドの確立に成功した企業の事例分析を行う。これにより，ファミリービジネスのブランド戦略に必要な経営者の能力を提示する。

　近年，ファミリービジネスに関する研究は改めて注目を集めているものの，特に日本においては今後の研究課題である。その中でも，イノベーションの能力に着目した研究は数少なく，本書は意欲的な試みであると考えている。本書の内容が学識経験者や経営を学ぶ大学学部生・大学院生の参考となるだけでなく，企業の実務家におけるイノベーション戦略の立案・実行の一助となれば大変幸いである。

編著者
玄場公規

目 次

はじめに　i

第1章　ファミリービジネスの優位性

第1節 ● ファミリービジネスとは　2
第2節 ● 所有と経営の一致　6
第3節 ● ファミリービジネスのプレゼンスとパフォーマンス　8
第4節 ● ビジネスドメイン　10
第5節 ● 戦略の重要性　13

第2章　イノベーションの不確実性

第1節 ● イノベーションとは　21
第2節 ● イノベーションのプロセス　22
第3節 ● イノベーション実現までの長い道のり　24
第4節 ● 想定外のリスク　29
第5節 ● イノベーションの多様化　32
第6節 ● イノベーション・マネジメントの必要性　35
第7節 ● ファミリービジネスのイノベーション戦略　40

第3章　企業固有の能力

第1節 ● 戦略論における経営者の位置づけ……………………… 42
第2節 ● 経営者の能力の既存研究……………………………… 46
第3節 ● ダイナミック・ケイパビリティ………………………… 51

第4章　カテゴリー・イノベーションの創出

第1節 ● 食品容器や包装のイノベーションに関する定量分析……………… 56
第2節 ● 大関酒造株式会社（現大関株式会社）のケース・スタディ… 62
第3節 ● 大塚食品工業株式会社（現大塚ホールディングス株式会社）65
第4節 ● 上島珈琲株式会社（現UCC上島珈琲株式会社）……………… 67
第5節 ● 日清食品株式会社（現日清食品ホールディングス株式会社）70
第6節 ● イノベーション創出の成功要因……………………………… 73
第7節 ● 経営者の能力……………………………………………… 80
第8節 ● 経営者の能力の重要性…………………………………… 90

第5章　CSVによる競争優位

- 第1節 ● CSVの重要性 ･･･ 95
- 第2節 ● 事例企業 ･･ 96
- 第3節 ● 辻製油株式会社の事例分析 ･･･････････････････････････････････ 98
- 第4節 ● コマツの事例分析 ･･･ 101
- 第5節 ● CSVによる成果 ･･･ 107
- 第6節 ● 競争優位の戦略 ･･･ 108

第6章　ブランド戦略

- 第1節 ● ブランド戦略 ･･･ 115
- 第2節 ● 分析対象企業 ･･･ 120
- 第3節 ● ブランド構築の経緯 ･･ 122
- 第4節 ● ブランド構築における経営者の能力 ･････････････････････ 128

おわりに　131

参考文献　134

執筆者紹介　143

第1章
ファミリービジネスの優位性

> **キーワード**
> - ファミリービジネス
> - プロ経営者
> - 競争優位
> - 所有と経営
> - 老舗企業

　本章では，ファミリービジネスとは何か，その定義と特徴について解説する。ファミリービジネスは，端的には創業家の親族等（ファミリー）が企業を所有し，経営する形態の企業を意味するため，多くの中小企業が該当することになる。その一方で株式市場に上場した大企業などでは，創業家の持ち株が少なく，経営に関与していないことも少なくない。このような大企業においては，企業の所有者（株主）から信任された経営の専門家，いわば「専門経営者」が経営を担うこととなる。そして，従来においては，親族等が経営するファミリービジネスではなく，専門経営者が経営する方が効率的とする考え方が主流であった。確かに，親族が企業を所有し，経営を担うと，その経営者が暴走した場合には誰も止められることができず，監視が難しくなるという考え方もあり得る。しかしながら，近年，専門経営者とされている大企業の経営者が重要な意思決定に躊躇すること，また，株主のために短期収益を追求し過ぎる姿勢が問題視されていることなどから，創業家が経営に積極的に関わるファミリービジネスの優位性が見直されてきている。折しも，日本は，長い歴史を持つ老舗企業が最も多いとされており，ファミリービジネスの優位性を改めて確認することには大きな意義があると考えられる。本章では，前半において，ファミリービジネスとは何か，また，その優位性の詳細について説明を行う。また後半においては，ファミリービジネスのイノベーションの能力を理解するために，企業における戦略の重要性や事業ドメ

インの意義についても議論する。

第1節 ● ファミリービジネスとは

　実は，ファミリービジネスには統一された定義はない。ただ，法的に「親族」は定義されている。民法において，「親族」とは（1）6親等内の血族，（2）配偶者，（3）3親等内の姻族が「親族」の範囲とされている。一般的には，6親等は，少し範囲が広いが，3親等（祖父母あるいは孫）か4親等（従妹）までが親族と捉えられていると考えられる。

　ビジネスを「企業」とすれば，「ファミリービジネス」は，単純に親族の企業という意味になる。分かりやすいのは創業者あるいは，その家系を引き継ぐ親族（創業家の一員）が大株主となり，かつ経営のトップを務めている企業である。ただし，大企業では，必ずしも親族が会長や社長として企業のトップとならず，取締役の一員として経営に関与していることも多い。本書では，ファミリーが経営に強く関与することが企業のイノベーション能力に影響を与えると考えており，必ずしもファミリーが経営トップになっていることが必要であるとは考えていない。本書におけるファミリービジネスは，「創業家が株式の相当量を所有し，経営層に加わるなど経営に大きな影響を持つ会社」と広く捉えることとする。

　この点，多くの中小企業は，創業家が企業の株式の大半を所有し，経営を行っていることから，ファミリービジネスであるといえる。特に，日本ではファミリービジネスが圧倒的多数を占めているとされる。日本全体の実態調査は少ないものの，例えば，後藤は静岡県を対象にした調査結果を公表し，これによれば，ファミリービジネスは，同県の全企業数の96.9％，常用雇用者数の77.4％を雇用している（後藤, 2006）。

　近年になって，ファミリービジネスの優位性が評価されているが，実は，ファミリービジネスに関する学術研究の歴史はそれほど長くないとされる（倉科, 2008）。その大きな要因としては，創業家ではなく，専門経営者による大企業の経営が評価されていたためと考えられる。

ファミリービジネスの最大の特徴は経営と所有の分離していないことである。この点に対して，Berle and Means（1932）は問題を提起した。当時のアメリカでは，新しい企業においては，所有と経営の分離が進んでおり，株式をほとんど所有していない専門経営者によって運営されてきているとした。そして，Chandler（1977）は，アメリカにおける大企業の成立と発展に関する分析を行い，「近代企業」を定義した。近代企業とは，2つの特質で定義づけられ，ひとつは，多数の異なった事業単位から構成されていること，もうひとつは，階層的に組織された専門経営者によって管理されていることであるとした。Chandlerによれば，1800年代前半当時のアメリカの伝統的な企業では，単一の事業単位の企業であり，このような企業においては，個人あるいは少数の企業所有者が作業場や工場，銀行あるいは交通機関を単一の事務所で運営していた。これらが新たに複数の事業単位を持つ近代的な企業に取って代わり，近代企業は，異なった地域で営業するようになったばかりでなく，異質の経済活動を遂行し，異なった財貨やサービスを扱うようになっていったとする。これら複数の事業単位の活動と各事業単位の取引は，企業内に内部化されるようになり，市場メカニズムよりもむしろ専門経営者によって，監視され調整されるようになったと説明している。

　このように近代企業に対して，ファミリービジネスは旧世代の企業のように捉えられてきたが，近年になってファミリービジネスは改めて注目を集めるようになった。その背景となる要因を後藤（2012）は次の4点に要約している。

①ファミリービジネスが従来の経営論で説明しきれない。
②ファミリービジネスが先進国を含めて企業の大半を占めている。
③業績が一般企業よりも優れている。
④ファミリービジネスを一国の経済の推進役として健全な成長を実現させるために，新しい政策が求められている。

　すなわち，ファミリービジネスは企業のほとんどを占めており，国の経済成長の主たる担い手であり，また，業績が優れているにもかかわらず，従来の経営論では，十分に説明されていないということになる。特に，ファミリー

ビジネスの業績がそれ以外の企業よりも優れている点については，異論も提起されているものの，後に示すように多数の実証分析が示されているが，その要因の解明には今後の研究蓄積が求められている。

　ファミリービジネスの研究は，欧米でも比較的新しい分野とされている。アメリカでは，1984年にFamily Firm Institute（FFI）が設立され，学術雑誌としてFamily Business Reviewが発行されている。また，ヨーロッパでは，1990年にFamily Business Network（FBN）が設立され，スイスの経営大学院IMDが中心となり活動している。しかし，優れたファミリービジネスが世界で最も多いといわれている日本での研究は遅れているとされ（倉科, 2008），今後の重要な研究課題である。

　後藤（2012）は，ファミリービジネスの研究を進めるためには，経営学のみならず，法学や心理学などの数多くの研究分野の連携が必要であることを指摘している。そのため，隣接となる学問分野と相互に連携し合うことが重要であり，極めて学際的な研究分野である。ただし，このことがファミリービジネス研究の発展を遅らせてきた面があるともいえる。

　なお，冒頭でも述べたが，ファミリービジネスの定義は，研究者ごとに異なっており，一義的な定義がないことに留意する必要がある。本書ではファミリービジネスの厳密な範囲を限定することはせず，曽根（2012）と同様に創業家一族の経営への関与の有無に焦点を当てる。この点，上場企業であってもファミリービジネスは存在する。茶木（2008）は，上場企業におけるファミリービジネスの定義として，10大株主の中に創業者または創業者一族，あるいは関連企業または財団が名を連ねているか否かに着目した研究が多いと指摘している。また，いずれの研究も10大株主に限定しているのは，現在有価証券報告書では10大株主までが記載義務となっており，客観的に精度の高い株主構成を得る唯一の方法であるためとしている。

　図表1-1に山﨑（2013）が整理した海外及び国内の既存研究におけるファミリービジネスの定義及び解説を示す。このように既存研究において様々なファミリービジネスの定義があることが分かる。

　既存研究におけるファミリービジネスの具体的な定義から共通する要素を抽出したものが図表1-2である（山﨑, 2013）。特に，株式の所有，経営への

図表1-1　ファミリービジネスの定義

研究者名	年	調査地域	定義及び解説
Philip H.Burch Jr	1972	米	創業家が株式の5％以上を保有し取締役会にも加わり、複数の世代にわたり関与している
Denis Leech and John Leahy	1991	英	創業家が会社を所有
Hasnehn Jetha	1993	米	経営トップが創業家のメンバーか創業者の子孫
Daniel L.McConaughy	1994	米	経営トップが創業家のメンバーか創業者の子孫
Robin Mackie	2001	スコットランド	創業者が会社を保有
Melissa Carey Shanker and Joseph H.Astrachan	2002	米	創業家の強い支配下にある
Maria Faccio and Larry H.P.Lang	2002	欧州	創業家が議決権の20％以上を支配
Christine Blondel, Nicolas Rowell, and Lubo Van der Heyden	2002	仏	創業家が株式の10％以上を支配
Ronald C.Anderson and David M.Reeb	2003	米	創業家のメンバーが取締役会に加わり、または株式5％以上を保有している
Danny Miller & Isabel Le Breton-Miller	2005	欧米	株式公開企業であるか非公開企業であるかにかかわらず、一族が株式または議決権の最大部分を握り、一人または複数の親族が経営の要職に就いている
倉科敏材	2003	日本	①事業承継者としてファミリー一族の名前が取りざたされている ②必ずしも資産形成を目的としてではなく、ファミリーの義務として株式を保有している ③ファミリーが重要な経営トップの地位に就任している
後藤俊夫	2005	日本	ファミリー企業に関する単一の定義は、いまだ確立されていない。 既存研究に着目すると、①ファミリーの影響力、②ファミリーの経営参画、③ファミリーの複数の構成員の関与、④次世代へ継承する意思の4つの区分から定義されている

出所：山﨑（2013）。

図表1-2　ファミリービジネスの定義の主な要素

1	ファミリーが所有する株式の所有比率
2	所有するファミリー構成員の役員あるいはその他の役職への採用
3	非ファミリーの役員あるいはその他の役職員の存在
4	将来にわたるファミリーの介入の度合い
5	所有するファミリーが事業に介入している世代数
6	経営及び，あるいは所有に関与しているファミリーの数
7	該当するファミリーが，その企業を支配することを承諾しているか否か
8	非ファミリーの従業員が，ファミリー企業であると認めているか否か
9	創業者の直系の経営及び，あるいは所有上支配力を有しているか否か
10	企業の規模，特に従業員数

出所：山﨑（2013）。

関与の度合い，経営者が創業家出身か否かという3つの要素が重要であると考えられる。

本書では，創業家が経営に強く関与し，企業のイノベーション創出に貢献する点に着目するため，ファミリービジネスとは「創業家が株式の相当量を所有し，経営層に加わるなど経営に大きな影響を持つ会社」と考える。そのため，株式を上場している大企業のように株主も経営者も多くなると，その実質的な判断は難しくなるが，本書では，大企業であっても，「創業家が一定の株式を有し，取締役の一員になっている」場合にはファミリービジネスに含めることとする。

第2節 ● 所有と経営の一致

前節で述べたようにファミリービジネスの最大の特徴は，所有と経営が一致していることである。特に中小企業であれば，企業の筆頭株主と経営者が同一人物であることが多い。

これに対して，所有と経営が一致していない企業，具体的には，大株主が

図表1-3　ファミリービジネスと専門経営者企業の違い

ファミリービジネス	比較要素	専門経営者企業
多くは一致している	株主と経営者	不一致
一致しているので起こらない	両者間のコンフリクト	起こりやすい
不要	モニタリング	株主による監視が必要
一般企業よりも重要	ガバナンス	監視の効果が期待できる
不要	インセンティブ	必要

出所：山﨑（2013）。

　経営に関与せず，専門経営者が経営している企業（専門経営者企業）もあり，これこそが近代企業であるという考え方があることは前節で述べた。上場している大企業では，株主が多数かつ頻繁に入れ替わっており，また，創業家以外の専門経営者が経営している例も多い。
　ファミリーでない企業の専門経営者は，ビジネスに専念し，企業の経営を行うことができる。当然，株主との関係で対処しなければならない問題は存在するが，経営者自身としての立ち位置は，あくまでビジネスの専門家である。それに対して，ファミリービジネスの経営者は，ビジネス，オーナー，そしてファミリーの一員（多くの場合は，ファミリーの長である）という3つの立場から企業経営にアプローチすることが必要である。言わば，1人3役を担うことになり，このことがファミリービジネスの経営が複雑さを持ち，大きな課題があるという主張もある。しかし，その一方で専門経営者が経営する場合にもエージェンシー問題と呼ばれる課題が指摘されている。
　前述のように，創業家ではなく，専門経営者が経営を行い，株主は第三者として経営者を監視する方が効率的とする考え方が提示されている。しかし，この場合，プリンシパルと呼ばれる株主，エージェントと呼ばれる経営者との間にコンフリクト（利害の不一致）が生じることがある。具体的な例として，経営者は自らの報酬の極大化を目指すが，株主は自らの利益の極大化を目指すことが多い。この利害の方向性が一致すれば良いが，一致しないことも考えられる。この利害の不一致を防ぐためにはコストが必要であり，これはエージェンシー・コストと呼ばれている。

逆にファミリービジネスの場合はプリンシパルとエージェントが同一のため，エージェンシー・コストが不要である。山﨑（2013）は，後藤（2012）を参考に図表1-3にファミリービジネスと専門経営者企業の違いを整理した。専門経営者企業では，経営者をモニタリングするためのコストや，逆に経営者にインセンティブを与えるためのコストが必要である。このような非効率的なコストが専門経営者企業では存在する。ファミリービジネスの競争優位に関する研究においては，このエージェンシー問題による悪影響に焦点を当てている研究が少なくない。

　ただ，エージェンシー・コストを理由にして，必ずファミリービジネスが優位であるということではない。どちらの経営形態が必ず優れているというのではなく，ここでは，それぞれに長所と短所があるという点を理解しておくことが重要である。

第3節 ● ファミリービジネスのプレゼンスとパフォーマンス

　前述のように日本の企業においてはファミリービジネスが圧倒的に多いとされる。ただし，実は，日本以外でも，各国におけるファミリービジネスの存在感は決して小さなものではない。

　例えば，International Family Enterprise Research Academy（2003）の調べでは，アメリカの全企業に占めるファミリービジネスの企業数の割合は96％と非常に高く，一部の大企業を除くと，ほぼすべての企業がファミリービジネスである。アメリカのGDPに占めるファミリービジネスの割合でも40％，雇用に占める割合は60％となっている。これは，フランス（65％，60％，45％）やドイツ（60％，55％，58％）なども同様である。欧米の先進国に限らず，2000年代に入り新興経済国の一角を占めるブラジルも，ファミリービジネスの占める企業数の割合は70％と高水準である。

　世界的に展開している企業においてもファミリービジネスは多い。例えば，ザラ（スペイン，アパレルメーカー）やエスティ・ローダー（米，美容製品），ウォルマート（米，小売）やミシュラン（仏，タイヤ），そして世界

第1章 ファミリービジネスの優位性

図表1-4 各国におけるファミリービジネスの存在感

国名	ファミリービジネスの割合	GDPに占める割合	雇用に占める割合
ブラジル	70%	65%	－
アメリカ	96%	40%	60%
フランス	65%	60%	45%
ドイツ	60%	55%	58%
イタリア	93%	55%	79%
イギリス	70%	－	50%
オーストラリア	75%	50%	50%

出所：International Family Enterprise Research Academy（2003）。

No.1の穀物商社カーギル（米）もファミリービジネスである（International Entrepreneurship in Family Business 2007）。

また，定量分析の結果，ファミリービジネスの優位性を示すデータが数多く提示されている（Miller et al. 2005）。例えば，ビジネスウィーク1000社を対象とした調査結果ではファミリービジネスは利益率，収益安定性，キャッシュフロー，従業員1人当たりの売上高で，他の企業を上回っている（McConaughy et al. 2001）。また，収益と株式時価総額でファミリービジネスが他の企業に勝るという研究がある（Anderson, and Reeb, 2003）。興味深い研究としては，Mackie（2001）が，会社の存続年数に焦点を当て，ファミリービジネスの寿命が他の企業に比べ，2倍となっていることを示している。フランスの企業においても，成長率と総資産利益率，株主資本利益率でファミリービジネスが勝っているとされる（Allouche et al. 1995）。

日本においても，ファミリービジネスの優位性を示す実証分析が提示されている。例えば，斎藤（2006）は，日本の1990年度の上場企業1823社のデータを集めて分析を行っている。これによれば，上場企業1823社の約34％となる612社は，創業者もしくはその子孫が経営者として企業に参加し，また，約40％となる738社で創業者一族が5％以上の株式を保有していた。そして一族が5％以上の株式を保有し，創業者もしくはその子孫が経営に当たって

いた企業も約26％，477社であった。すなわち，上場企業であっても，創業者の親族が大株主かつ経営者として，深く経営に関与している企業が多く存在していることが分かる。そして，利益率に関して，実証分析を行い，創業者一族によって所有され，かつ経営されている企業の利益率はその他の企業よりも高いことを示した。また，茶木（2008）も，1995年から2004年の東証一部上場企業のデータを用いて，年度期間中のROAの分析を行った。その結果，すべての分析期間において，ファミリー企業のROAが他の企業よりも有意に高いとしている。

第4節 ● ビジネスドメイン

　所有と経営が一致しているファミリービジネスでは，その事業は「家業」であると考えられていることが多い。そのため，多くのファミリービジネスにおいて，その事業の内容が何かということはあまり意識する必要はないと考えられているかもしれない。

　しかし，近年のような経済環境の変化が激しい時代において，ファミリービジネスであったとしても，事業の内容を改めて見つめ直すことが求められる可能性がある。また，事業を見直すことで新しい気付きがあり，それが企業の継続性に貢献することも考えられる。本書の第4章以降の事例分析においても，新しい気付きにより，ファミリービジネスが新しいイノベーションに果敢に挑戦し，成功している事例が紹介されている。

　ドメインは「範囲ないしは領域」と定義される（榊原，2002）。そのため，「事業ドメイン」とは，企業が活動する事業の範囲及び領域ということになる。そして，榊原（2002）は，企業の戦略とは，「ドメインを定義し，資源配分を決定し，ポジショニングを行うこと」であり，事業ドメインを決定することが戦略立案の前提条件であるとする。また，事業ドメインが何かを考えるためには，企業が目指すべき将来像を明確にするため，企業の使命（ミッション）も改めて考える必要性があると主張している。

　本書でもファミリービジネスの卓越した戦略が紹介されているが，卓越し

た戦略を有すると評価されている企業においては，戦略を立案・実行する前に経営者が企業の使命を改めて考え直し，あるべき将来像を明示していることが多い。また，事業ドメインは，ブランド戦略においても重要である。自社のブランド価値を高めるためには，そもそも，自社がどのような事業領域で活動をしているのか，自社がブランド価値とすべき「強み」がどこにあるのか，また，そのブランド価値を訴求すべき顧客は誰なのかを認識していなければならない。

　また，榊原（2002）は，事業ドメインを改めて明確にすることで企業内に以下のような効果が期待できると指摘している。
● 経営者，意思決定者の情報収集効率が上がる
● 自社の方向性に関する戦略的なメッセージが組織内外に広がる
● 組織としての一体感が高まる

　では，具体的に事業ドメインはどのように考えて明確にすべきであろうか。この点，Abell（1980）は，以下の3つの次元から事業ドメインを定義すべきとしている。
　　――市場セグメント（顧客）による定義
　　　　● 富裕層，高齢者，子供など顧客を軸とした定義
　　――顧客ニーズ（顧客価値）による定義
　　　　● エコ，健康，安心，安全，正確，低コスト，品質などのニーズを軸とした定義
　　――中核技術（独自技術）による定義
　　　　● 自社の強みとなる技術を軸とした定義

　事業ドメインを考えるためには，まずは，顧客に「どのような価値を提供するのか」を決めることが最も重要である。また，その価値を何故，自社が提供できるのかということも併せて検討する必要がある。この点，例えば，自社にその価値を提供できるだけの中核技術があるからという理由が考えられるが，技術だけではなく，ノウハウやアイデアなど自社の強みを広く捉える必要がある。なお，同じ業態であっても，提供価値は異なることがある。例

図表1-5 事業ドメインを決定する3要素

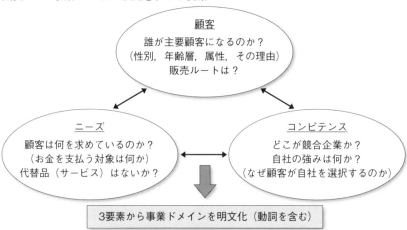

出所：筆者作成。

えば、コーヒーショップであったとしても、「コーヒー好き向け本格コーヒーの店」か「学生と地元住民が交流する店」、「安く早く手軽に食べられる店」あるいは「美味しくゆっくりと食事ができる店」では提供価値が大きく異なる。

具体的に事業ドメインを検討しようとするのであれば、図表1-5のような3つの円を書いて議論すると効率的である。議論の前提となるのは、まず顧客が誰なのかということを定め、また、その顧客にどのような価値を提供するのかを考える。その上で、何故、競合他社ではなく、自社がその顧客に価値を提供できるのかを議論することが求められる。さらに、これらの3つの要素の議論は相互に密説に関連している。最後に、これらの3要素を定めた上で、事業ドメインを明確化する。注意すべき点として、顧客に価値を「提供する」という活動が「事業」であることから、事業ドメインには「動詞」が必要になる。

ファミリービジネスは所有と経営が一致しており、また、長年経営している中小企業が多く、事業ドメインを敢えて明示しなくとも、経営者も従業員も良く理解していると考えられるかもしれない。しかしながら、実は、経営者と従業員との認識が大きく異なっている場合があり、事業ドメインを改め

て文章化してみるという意義は大きい。

　また，第4章以降で画期的なイノベーションを創出したファミリービジネスにおいては，事業ドメインを改めて見直し，その後，画期的なイノベーションに成功している企業がある。具体的には，顧客の潜在的なニーズは何か，また，そもそも，顧客は誰なのか，さらには，既存の流通ではなく，新しい流通が必要なのではないかということを模索して，新しい事業展開に成功した企業である。実は，成功している大企業ほど既存の事業ドメインを変革することは困難であり，それが第2章に述べるように従来とは抜本的に異なるイノベーションの登場によって市場を失う「イノベーターのジレンマ」に陥る可能性があることが指摘されている。このようなジレンマを回避するためには思い切った経営判断が不可欠であり，所有と経営が一致しているファミリービジネスこそが強みを発揮する余地があると考えられる。

第5節 ● 戦略の重要性

　ファミリービジネスに限った話ではないが，すべての企業にとって戦略は重要である。本書においても戦略という言葉が何度も登場する。ここでは，企業にとって重要な概念となる戦略について，より詳細に説明しよう。
　当たり前の話ではあるが，企業には必ず競争相手となる企業が存在する。そして，企業が競争相手に負け続けていては，継続的に事業を行い，収益を得ていくことは困難である。そのため，どの企業においても，競争に負けないための戦略の立案と実行は不可欠である。しかしながら，後述のように，日本企業においては，戦略の重要性を認識していないと指摘されている。
　そもそも，戦略とは，具体的な競争相手を想定し，その競争相手よりも競争上優位に立つ（競争優位を確立する）ことを目的として，立案・実行されるものである。すなわち，「競争すべき相手がいるから」こそ，戦略が立案されることが大前提である。ただし，実務的には，具体的な競争相手を想定していない戦略も見ることがある。[1]

---

1) 端的には，例えば，行政機関や業界団体において，「戦略」と明示された報告書が多数提

また，競争相手と同じことをしていては十分に収益を上げることが難しい。顧客にとって，同じ製品・サービスを提供していると考えられてしまうと，より安い方が選択され，結果的にコスト競争になってしまうからである。そのため，相手の企業と異なる「何かに集中する」ことが必要であるが，その指針を戦略で示されなければならない。そこで，戦略は，「企業が競争相手に対して競争優位を確立するために，何をすべきかを選択する指針」と考えるべきである。

　戦略論の大家であるPorter（1996）は，どの企業でも日常行っている「効率性の追求」は，企業が存続するために不可欠であるとしても，戦略としては不十分であると指摘している。それは，他社も同じように効率化を追求するはずであり，顧客はその効率化を当然と考えてしまうため，結局，競争相手との違いがなくなってしまうためである。Porterは，日本企業は効率性の追求において素晴らしい成果を残したものの，他社と異なることをするという観点からすれば，戦略を有している企業はほとんどないと主張している。また，Porterは，競争優位を確立するためには，同業他社とは異なるポジションをいかに追求するかが戦略の本質であると主張している。さらに，競争優位を確立する具体的な戦略としては，他社とは明らかに異なる製品やサービスを提供する，あるいはビジネスモデルを構築する「差別化戦略」か，他社よりも圧倒的なコスト低減を目指した「コストリーダーシップ戦略」の2つがあるとする。

　日本経済の高度成長期の時代においては，日本企業は効率性の追求のみで十分であり，戦略は必要なかったという解釈も可能かもしれない。高度成長期の日本企業の競争相手は，主として欧米企業が想定され，欧米企業に追いつくことが戦略的な目標であった。また，具体的な戦略課題として，欧米企業よりも，より安い製品を提供するという効率性の追求で高い収益が得られた。この時代には，競争相手が明確であり，その戦略課題も自明であったの

示されている。その重要性を否定するものではないが，ほとんどは，競争相手を具体的に想定した「戦略」ではなく，将来の「政策ビジョン」や「業界動向」と呼ぶべきものが多い。企業の経営戦略や技術戦略なども，具体的な競争相手を想定せずに将来の「事業計画」を抽象化したものなどが多いのではないだろうか。

であり，日本企業には戦略が必要なかったというよりも，敢えて戦略を考えなくても，戦略的な行動が可能であったということになる。また，本来，身近な競争相手である日本国内の同業他社は，欧米企業という同じ競争相手を持つ同志であると考えることができた。そして，日本国内の市場が拡大を続けていれば，十分な成長・収益性を確保できたのである。

特にファミリービジネスにおいては，競争相手に勝つという考え方よりも企業の存続が第一と考える傾向が強いため，戦略を考える機会が少ないかもしれない。山田（2016）は，ファミリービジネスにおける経営戦略は，「利益よりも存続」「競争よりは共存」を目的としていると指摘している。ただし，ファミリービジネスであっても，イノベーションの創出と他社との差別化が重要であり，ステークホルダーからの支持と地域の社会的な牽制に強い影響を受けるとも主張している。このステークホルダーからの支持及び社会的な牽制により，イノベーションを創出する必要があるという指摘は，第5章のCSVへの取り組みが競争優位の戦略になり得るという議論と同じ主張と解釈できる。ただし，いずれにしても，ファミリービジネスにおいて，競合企業との競争に勝つために戦略を立案する必要が高まっていると考えることが適切である。

上記のように欧米企業を追いかけていた時代の日本企業にとって，戦略を考えることは重要でなかったかもしれないが，周知のように，今や日本企業は，欧米企業に追いつき，いわゆるフロントランナーとなった。そのため，戦略目標は各社独自に考える必要が出てきた。その一方で，新興国を中心に，多数の企業が市場に参入し，日本企業を追い上げてきている。同じ市場に多数の競争相手がおり，また，戦略目標は，必ずしも明確ではなく，かつ，目標を実現する手段の選択肢も多様化している。

所有と経営が一致しているファミリービジネスでは，家業として事業を捉えており，従来の延長で事業継続を第一の目標と考える傾向が強いかもしれない。これ自体は決して悪い考えではないが，日本経済全体の成長率が低下し，多くの企業の収益性が低迷していることから，ファミリービジネスにおいても，他の企業とは異なる思い切った戦略が必要になってきている。

それでは，戦略とは，具体的にどのように立案すれば良いのであろうか。数

図表1-6　SWOT分析における環境要因の例

内部環境	強み（Strength） ●販売網が十分に整備 ●高い営業力 ●少ない在庫 ●高度な生産技術 ●高い品質水準 ●地場での高評価　　／等	弱み（Weakness） ●情報技術に詳しい人材の欠如 ●高い生産コスト ●低い環境意識 ●新規事業への意欲の欠如 ●低い製品ブランド力 ●基礎研究人材の欠如　　／等
外部環境	機会（Opportunities） ●オンライン取引の増加 ●派生商品の登場 ●都市部の市場拡大 ●海外市場の拡大 ●新しい製造装置の登場　　／等	脅威（Threats） ●製品価格の低下 ●製品サイクルの早期化 ●顧客産業の市場の縮小 ●海外企業の新規参入 ●供給産業の企業の統合　　／等

出所：筆者作成。

　多くの文献で詳細な方法論も提案されているが，ここでは，最も基本的かつ簡便な戦略立案のためのフレームワークを紹介しよう。前述のように，戦略は，「企業が競争相手に対して競争優位を確立するために，何をすべきかを選択する指針」を示すものであるべきと考えられる。このような選択をするための前提としては，戦略に影響を与える様々な要因を分析する必要がある。そして，分析の視点としては，大きく分けて，企業の外部環境と内部環境を検討することが求められる。内部環境と外部環境を分析し，その上で戦略立案に良く用いられる手法としては，自社の「強みと弱み」，そして，「機会と脅威」を列挙するSWOT分析がある。

　図表1-6にSWOT分析の例を示した。内部環境としては，自社の現状を把握して，競争相手と比較した自社の強みと弱みを分析することが重要である。具体的な項目としては，財務力，立地なども考えられるが，例えば，製造業にとって重要なポイントは，自社の高い技術力，製品ブランド力などにおける強みと，その逆に，他社に出遅れてしまった技術開発分野などの弱みを検討することが求められる。

　外部環境としては，自社に影響を与える可能性のある主要な外部環境の動向や変化を把握して，機会と脅威を見極める必要がある。例えば，経済状況

や政治・政策などのマクロの要因があり，ミクロの要因としては，競合他社の状況や顧客の動向などがある。業種によっても重視するポイントは異なるが，国内の市場を中心とした事業の戦略であれば，国内経済の見通しや人口構成の推移などのマクロ要因が重要であり，ミクロ要因としては，販売網の企業再編などが具体例として考えられる。また，機会と脅威は表裏一体の関係にある。例えば，画期的な新技術の登場によって，新しい市場が開拓される機会が広がるかもしれないが，それによって，新規参入者が登場する可能性は高まっていることなども想定しうる。

　SWOT分析を実際に行ってみると，すぐに分かるが，判断が極めて定性的であり，同じ企業を分析したとしても，人によって，「強み」と「弱み」が逆転することがある。また，「強み」と「機会」が混同されて分析されることも少なくない。SWOT分析は分析者の主観によって判断されるものである以上，このような若干の混乱はあるが，自社の状況及び取り巻く事業環境が整理され，その分析結果に基づいて，戦略に関する議論を深めることが重要であると考えられる。

　SWOT分析は，単純ではあるものの，競争相手に対して自社の置かれた状況が良く分かり，今後の自社の方向性を検討する分析フレームワークとして有効である。また，「強み」と「弱み」，「機会」と「脅威」をクロスさせて分析することで，より具体的な戦略の指針を検討することも可能である。例えば，外部要因としての「機会」に対して，自社の「強み」を活かして，どのように機会を自社のビジネスに活かすかを分析することも可能であるし，「脅威」に対して，自社の「弱み」を克服して，どのように脅威を乗り越えていくかを提示することができる。

　企業の固有の強みという内部環境については本書の主題に関係しており，第3章以降に詳しく述べることとするが，ここでは，外部環境の分析方法について少しだけ補足をしておこう。自社を取り巻く外部環境である機会や脅威を分析するためには，自社を取り巻く環境だけでなく，できるだけ広い視野を持って，業界レベルあるいは国レベルの視点が必要である。

　前述のPorterは，業界を「互いに代替可能な製品を作っている集団」と定義して，その競争構造は「競合企業」のみならず，「新規参入者」，「代替

品」,「売り手」,「買い手」を加えた5つの要因から規定されるとした（Porter, 1980）。競争といえば, まずは, 同じ業界の企業が競争相手として想定されるが, 競合企業のみを検討すると視野が狭くなる。Porterは, 業界に大きな影響を与えうる他の要因も含めて分析することが重要であると主張したのである。まず, そのひとつが, 見えざる敵である「新規参入者」である。その業界への参入が容易であれば, 新たな企業が参入する可能性が高く, 見えざる競争相手にも注意が必要である。「代替品・サービス」は, 現在の市場に, 従来とは異なる製品あるいはサービスで競合する可能性があるかどうかを分析し, 代替可能性が高まれば, 業界内の競合企業の競争関係が大きく変化する可能性がある。さらに「買い手」と「売り手」は, 直接の競争相手ではないが, 買い手と売り手の交渉力が業界の競争構造を決定づける要因となり得るため, 重要であるとする。例えば, 買い手の交渉力が強い場合には, 買い手に数量及び価格等の決定において主導権があるため, 競争する余地が狭まることが想定される。売り手についても, 同様のことがいえる。

　以上のように, 戦略を立案するためには, できるだけ幅広い視野を持って外部環境と内部環境を分析することが求められる。ファミリービジネスの多くは, 家業としての継続性が重視され, また, 競争ではなく協調が重視される傾向にあるかもしれない。しかしながら, 本書が紹介するファミリービジネスのケースでは, 経営者が意図的あるいは意図せざるところで, 極めて戦略的なマネジメントを積極的に実践していると評価できるファミリービジネスが登場する。具体的なケースは第4章以降で紹介するが, 競合他社とはまったく異なる将来像を示し, その目標を達成するために従業員を叱咤激励し, 邁進する経営者の能力が重要な成功要因のひとつとなっている。戦略とは「他社とは異なることを実行すること」であり, 他社と同じことをする日本企業においては, 戦略がないと戦略論の大家であるPorterが主張していることはすでに述べた。しかしながら, 他社とは同じことはしない, 従来とは異なる常識に挑むということに敢えて挑戦し, 成功したファミリービジネスがいることも事実であり, 筆者らは所有と経営が一致しているファミリービジネスこそが, そのような戦略的な意思決定を行い, それがファミリービジネスの競争優位の源泉となる可能性を有していると考えている。

第1章 ▶ 章末問題

① あなたが知っているファミリービジネスを挙げてください。身近にある企業あるいは有名な企業でも構いません。また，その企業のイメージも考えてみてください。

② ファミリービジネスの良い点と悪い点を考えてください。その企業の従業員の視点，顧客の視点あるいは経営者の視点など見方を変えると興味深い発見があるかもしれません。

第2章
イノベーションの不確実性

> **キーワード**
> - イノベーション
> - 不確実性
> - 収益性
> - 戦略
> - ビジネスモデル

　本章では，イノベーションの重要性とともにイノベーションを創出するまでの不確実性を議論する。日本企業の持続的成長にとって，いうまでもなく，イノベーションは重要である。企業規模の大小を問わず，また，技術を専門とする製造企業や情報通信企業のみならず，近年，流通・小売・サービス企業などの非製造企業においてもイノベーションの創出が求められている。イノベーションには，新しい技術を開発することだけではなく，新しい技術を活用して新しいサービス・ビジネスモデルを創出することも含まれる。ただし，イノベーションを創出することは重要であるものの，その実現に至るまでの道筋は長く，様々な不確実性があり，経営者はイノベーションへの投資を躊躇することも少なくない。特に投資家の圧力にさらされている大企業の経営者は，大胆なイノベーションに挑むことに躊躇する可能性があることが指摘されている。一方で，ファミリービジネスは所有と経営が一致しており，経営者がリスクの高いイノベーションに挑戦するという経営判断を下すことも可能である。第3章以下で述べるような画期的なイノベーションに果敢に挑戦する経営者の能力は，ファミリービジネスの優位性を説明する根拠のひとつとして注目すべきである。

第2章　イノベーションの不確実性

第1節 ● イノベーションとは

　前章では，ファミリービジネスがそれ以外の企業に比べて，経済的パフォーマンスが優れていることを示す研究が数多く提示されていることを紹介した。それでは，何故，経済的パフォーマンスが優れているファミリービジネスが多いのであろうか。これが本書の中心的命題であるが，優れた経済的パフォーマンスの要因のひとつとしてファミリービジネスにはイノベーションを創出するための卓越した能力を有する企業が多いという仮説を提示したい。ただし，この仮説を説明する前に，そもそも，本章ではイノベーションとは何かを具体的に説明する。

　イノベーションという概念を最初に広めたとされるシュンペーターは，イノベーションを「知識の新結合」と定義した（Schumpeter, 1934）。しかし，この定義は，あまりにも広く，具体的にイメージすることが難しい。

　日本では一般にイノベーションは，「技術革新」と翻訳されている。これは，新しい技術を開発し，その技術を用いて顧客に新しい製品やサービスを提供して経済的成功を収めるということを意味している。この点，いわゆる「ものづくり」の成功によって発展してきた日本企業にとって，いうまでもなく，技術革新は重要である。しかしながら，近年では，技術開発を行っている製造企業や情報通信企業のみならず，後に述べるように流通・小売・サービス企業など技術開発を行っていない企業においてもイノベーションが重要になってきている。すなわち，新しい技術を開発するというよりも，既存の技術を活用して新しいサービス・ビジネスモデルを創出することもイノベーションに含まれると考えるべきである。

　そもそも，企業は，顧客から収益を得ることを目的としてイノベーションの実現を目指している。この点，前述のようにシュンペーターは知識の新結合としたが，知識の新結合によって，新しい知識を「創出」するだけでは収益を得ることができない。企業にとって重要なことは，顧客に新しい知識の利用方法を提供することにより収益を得ることだと考えられる。そこで，本書では，イノベーションを「顧客の問題解決のための新しい知識の利用」とする。この点については，ビジネスモデルの創出の重要性の観点から再度詳

細に説明する。

第2節 ● イノベーションのプロセス

　前述のようにイノベーションは，必ずしも「技術革新」ではないが，製造企業やシステム開発企業のように技術開発を行っている企業にとって，技術革新は重要である。新しい技術を開発して，新しい製品・システムあるいは新しいサービスを顧客に提供し，収益を得ることが必要である。

　従来，イノベーション戦略を専門とする研究者の間でも，イノベーションの多くが技術革新と考えられてきた。そのため，イノベーションのプロセスを説明する研究の多くが技術革新のモデルを提示している。イノベーションの不確実性を説明する上で，このプロセスの理解が必要となるため，ここでは，代表的なイノベーションのプロセスのモデルを紹介する。

　イノベーションが創出されるプロセスを一般化したモデルがイノベーションプロセスモデルであるが，その最も基本となるモデルは，リニアモデルである。リニアモデルとは，基礎研究→応用開発→設備投資→利益分配という直線的な技術革新モデルである。このモデルを前提にすれば，原則として基礎研究における新しい発見に基づき製品開発が実施されることになる。

　一般的に研究開発の成果がイノベーションとして実現するプロセスとして，リニアモデルが最もイメージしやすい。そのため，実務的にも，イノベーション戦略，新規事業戦略などを立案する際，このリニアモデルを想定して，戦略が立案されていることが多い。

　ただし，このリニアモデルは，イノベーションのプロセスを極めて大枠で捉えているに過ぎず，各企業のイノベーション戦略を考える上では，必ずしも，十分ではない[2]。リニアモデルだけを考えると，各企業の競争優位の源泉

---

2) イノベーションが実現したプロセスを大きな視野で捉えれば，リニアモデルは，間違った考え方ではない。イノベーションを実現する要素技術の多くが，その源泉を遡れば，基礎研究による新たな発見から出発したといえる。しかし，ひとつの企業の中でのイノベーションプロセスにおいて，基礎研究から応用，製品化までを一貫して実現することは容易ではなく，戦略立案において，リニアモデルのみを前提とするのは不十分である。

を見失ってしまう可能性すらある。

　例えば，1980年代において，日本の製造業の競争力の強さが議論となり，その源泉は何かを探る動きが盛んになった。そして，このリニアモデルを前提として，Gomory（1988）は，日本のイノベーションの特徴として，短期間に次々と製品を開発・改良する点に特徴があると指摘した。すなわち，日本企業は，欧米企業に比べて応用開発に重点が置かれているというものである。このモデルは「ショートサイクルモデル」と呼ばれ，日本企業の競争力の源泉であるという主張がなされた。

　しかし，確かに，ショートサイクルモデルは，当時の日本企業のイノベーションの一面を捉えてはいるが，日本の競争力の源泉を説明する上で，十分な概念ではない。例えば，Branscomb（1992）は，単純に漸進的に技術を改善するのみでは，企業の利益率は徐々に減少するため，ショートサイクルモデルは，日本企業の競争力を必ずしも説明していないと批判した。

　また，実際のイノベーションプロセスにおいては，基礎研究による発見も重要であるが，漠然とした消費者の潜在ニーズから出発するプロセスも重要である。そのため，言わば，リニアモデルとは，逆のアプローチからのイノベーションプロセスも考える必要がある。

　前記のBranscombは，技術開発には，仮想的市場を想定して，新技術によって，それを出現させることが重要であるとする。そして，児玉は，仮想的な市場における潜在的な需要を技術的な課題まで翻訳する過程が重要であるとして，需要表現という言葉を提唱した（児玉，1991）[3]。新製品開発においては，潜在的な需要を「分解」して明確化し，技術開発成果を「統合する」という2つのプロセスが必要である。すなわち，開発された新しい研究成果をどのように用いるかということも重要であるが，需要を見出し，それを翻訳する過程も重要であるという主張である。この需要表現のプロセスは，いわれてみれば，当たり前であるが，リニアモデルのみを想定していると見落

---

[3]　需要表現は，demand articulationの訳である。「articulate」という言葉は，「divide」と「joint」という2つの反意語をひとつの言葉の中に内包しており，「分解」と「統合」という，2つの正反対の概念を包含する言葉である。すなわち，需要表現は「潜在需要を製品概念として，統合化し，この概念を個々の要素技術の開発項目へ，分解するという，2つの技術的活動の動学的『相互』作用」と定義される。

としてしまう考え方である。また，それにより自社あるいは競合企業の「強み」や「弱み」を分析する上での視点が抜け落ちてしまう可能性がある。

実際の企業の現場では，製品化・事業化に直結する技術開発が主として行われていることも事実であり，ショートサイクルモデルも間違いであるとはいえない。短期的に収益を上げるためには，次々と新しい製品を開発することも重要である。しかし，ショートサイクルモデルのみでは，開発の費用対効果が減少することも事実であり，基礎研究による科学的発見も重要である。その一方で，仮想的な市場・潜在需要を翻訳して，それに基づく技術開発の課題を設定することも必要である。要するに，イノベーションの創出に至るまでには様々なプロセスが考えられ，多様なイノベーションのプロセスを踏まえた戦略の立案が不可欠と考えられる。

第3節 ● イノベーション実現までの長い道のり

イノベーションの実現までには，色々なプロセスがあるとしても，技術革新の起点となるのは，技術開発活動である。この点，非製造企業の多くは，技術開発を行っていないと言われるかもしれない。しかし，必ずしも，技術開発を自社で行う必要はない。非製造企業であっても，外部の専門企業から技術開発の成果を戦略的に取り込み，それによって，イノベーションを創出し，競争優位に立つことも十分可能である。

日本企業は，非常に高い技術力を有し，世界トップレベルの技術力を有していると言われている。しかし，その一方で，近年，日本の製造業の業績は大きく低迷している。

日本企業は，先進諸国の製造企業のみならず，中国やインドなどの新興国の新規参入企業との激しい競争にさらされている。特に，新興国企業の製品の技術レベルは，近年，急速に向上しており，かつ，高いコスト競争力を有している。日本企業が競争優位を確立するためには，これらの新興国企業では開発できない製品や付加価値の高いサービスを提供していくことが必要不可欠である。

しかしながら、一方でイノベーションを創出するためには、様々な不確実を克服する必要がある。この点，Haour（2004）は、イノベーションには、①技術のリスク②市場のリスク③ビジネスモデルのリスクの3種類のリスクが本質的に内在していると指摘した。そして、これらリスクが大きいがゆえに，必然的に、技術系企業の経営者は、イノベーションへの投資を躊躇する傾向があると主張している。

確かに、少しでも技術開発関連に従事した経験があれば、技術開発へ多額の投資をしても、それが必ず成功するとはいえないことが分かる。これが①の技術のリスクである。また、技術開発が成功して、製品の商業化に結び付いても、それが売れないことも十分に考えられる。これが②の市場のリスクである。さらに、製品が売れたとしても、数多くの企業が参入し、すぐに値段が下がり、十分な投資回収ができないことも、多くの日本企業が経験している。あるいは、流通コストの問題や、小売企業からの値下げ要求なども重なって、収益が得られないことも考えられる。これらが③のビジネスモデルのリスクである。

このようにイノベーションを目指した技術開発は、本質的にリスクを内在した投資活動である。ただし、従来の日本企業は、これらのリスクが相対的に低かったため、そのリスクが十分認識されていなかったと考えられる。欧米企業がフロントランナーで、日本企業がそれに追いつこうとする時代であれば、すでに、欧米企業がイノベーションで成功している例を十分に知ることができる。すなわち、すでに様々な製品において、どのような市場が存在しているのか、また、その製品をどのようなビジネスモデルで販売すれば、収益を上げることができるのかということが明確であり、追いつこうとする企業のリスクは低い。すなわち、この時代には、市場のリスク、ビジネスモデルのリスクは著しく低く、技術のリスクしか存在していないといえるかもしれない。研究者・技術者は、明確な技術開発目標が与えられ、その目標を早く達成することが戦略実現のための必要十分条件であったと考えられる。

しかしながら、現在の日本企業はフロントランナーである。この場合は、初めて市場に登場する製品を開発することになり、技術のリスク以外にも、市場のリスク及びビジネスモデルのリスクにさらされることになる。また、逆

に，日本企業を追いかける新興国企業は，日本企業の市場とビジネスモデルを学ぶことができ，技術レベルを向上させれば，収益を得ることが可能になる。それゆえに，日本企業は，より新しい高度な技術開発に挑まざるを得ず，あるいは，まったく新しい市場の開拓や新しいビジネスモデルを創出することが必要となり，結果として，技術開発リスクも，より大きくなる。

　要素技術の開発が成功しても，イノベーションとして成功するまでには，相当の期間がかかることも少なくない。いわゆるリードタイム[4]の問題である。イノベーションを実現しようとする企業としては，技術開発の着手から，新しい製品・サービスが実現するまでのイノベーションのリードタイムのマネジメントが重要な課題となる。この点，投資判断を適切に行うためには，技術開発の投資額，成功の時期，そして売上高・収益を予測し，定量データに基づいた判断が可能であることが望ましい。ただし，すべての技術開発プロジェクトが定量化により，判断が可能とは限らない。長期的な視野に立ったリスクの高い技術開発などは定量化が困難であり，最終的には，投資判断を行う経営者の決断に依拠せざるを得ないと考えられる。

　そもそも，技術の用途が漠然と想定されていても，未だ市場化がなされていないような画期的な発明においては，相応のリードタイムがあると考える方が自然である。児玉は，ラジオの発明から社会に普及に至る過程を例にとり，急進的な技術の発明があったとしても，新産業は自然発生的に創出されないとする（児玉，2007）。すなわち，技術の発見も重要であるが，イノベーションの実現においては，その技術の本当の「利用」が見出され，技術の利用の「体系化」がなされることの方が重要であると主張している。

　ラジオは，その典型例である。ラジオの歴史は，19世紀終わりに無線技術を用いて音声を伝達するという「技術の発見」から始まった。しかし，その当初の利用方法は，有線電話の代替としての無線電話であり，1対1の通話が想定されていた。つまり，現在のラジオのような真の「利用形態」は見出されていなかったのである。その後，1対多数の通信という現在の「利用形態」が見出され，最終的に，現在の商業ラジオという利用の体系化がなされたのは，技術の発見から20年以上の月日を費やしたという（水越，1993）。

4）　イノベーションの開発着手から実現までの期間。

第2章　イノベーションの不確実性

　ラジオの事例のように，技術そのものよりも，利用形態が従来とは大きく異なる，あるいは，まったく新しい画期的なイノベーションであれば，リードタイムは長くならざるを得ない。また，その成功の可能性は決して高いものではなく，投資に対する収益を見通すことが困難である。そのため，短期的な収益を求める経営者にとって，リードタイムの長い技術開発への投資を回避する傾向があるのは当然ともいえる。

　前述のように，技術開発投資の継続・中断を判断するためには，可能な限り定量的な手法を導入することが望ましい。すでに技術開発の定量化手法としては，様々な方法が提示されている[5]。例えば，技術開発評価のための手法であるDCF（ディスカウント・キャッシュ・フロー）法[6]やリアルオプション法などが挙げられる。ただし，これらの方法論は，その有用性を否定[7]するものではないが，使い方次第で結果は大きく異なることに注意しなければならない。これらの手法を用いるためには，その前提として，技術開発が成功した場合の売上・収益等の数字，あるいは，その成果が得られる可能性などが予め算定されている必要がある。しかしながら，そもそも，これらの数字自体が一定の仮定を前提として算出する必要がある。逆にいえば，前述のラジオのように，すでに製品・サービスが存在しておらず，市場規模そのものが分からない場合や，誰も成功していないようなリスクの高い技術開発では，売上・収益の算定の根拠が曖昧になってしまう。そのため，画期的なイノベーションであるほど，これらの手法の有用性には限界がある。

　上記のラジオの事例は，20世紀初頭と古い事例であり，現在はイノベーションがもっと早く実現するのではないかと批判があるかもしれない。そこで，日本で誰もが知っている身近な事例を示そう。筆者も参画したNEDO[8]の

---

[5]　研究開発プロジェクトの選定手法，研究開発の評価手法などについて説明した文献は多数あるが，例えば，金子は，研究開発テーマの設定・評価の手法を具体的な企業の事例とともに詳しく紹介している（金子，2006）。
[6]　割引現在価値法。投資により将来得られるキャッシュフロー（収益）を予測して，現在価値で評価する方法。一定の利子率を想定して，将来の価格を現在価値に割り引いて算出する。
[7]　金融資産評価で用いるオプション理論の考え方を実物（リアル）資産に応用した手法。研究開発投資において，将来起こりうる不確定要素も含めて投資評価を行う評価方法である。
[8]　独立行政法人　新エネルギー・産業技術総合開発機構

研究プロジェクトにおいて,「FeliCa（フェリカ）[9]」の開発及び普及の経緯が詳細に分析されている（辻本，2008）。すでにフェリカは，JRや私鉄の乗車券用のカードとして幅広く実用化された。その有用性は高く，市場に登場してから，急速に普及したと評価できる。また，乗車券としての用途のみならず，電子マネーとしても用いられており，携帯電話やスマートフォンにも搭載されている。フェリカは，技術そのものも優れているが，従来にはないまったく新しい市場を開拓した点で，画期的なイノベーションであると評価できる。

ただし，フェリカを開発したSony（ソニー）における開発経緯は，決して順調なものではなかった。外部の様々な企業の支援が必要であり，また，最初に潜在市場が想定され，そして，技術開発が着手されてから，技術の利用が体系化されるに至るまで15年程度の歳月が必要であった。

そもそものフェリカの開発は，1988年から，情報通信研究所にて開始された。当初は，物流用のIC開発を想定していたが，コストの安い無線ICを実現することができず，1990年に開発を断念した。ただし，この開発により，ソニーの中に非接触ICに関心を持つ技術者が現れることになった。

また，一方で，1985年頃から切符や定期券の非接触IC化に興味を持っていた国鉄技術研究所（現在の（財）鉄道総合技術研究所）がソニーに開発の打診を行った。しかしながら，当初は，満足のいく開発成果が得られず，1991年のJRの自動改札の更新時までに開発が間に合わなかった。自動改札の更新は頻繁に行われるものではないため，当面は，JRの乗車券用途への道が閉ざされてしまった。そのため，鉄道以外の用途を探ることとなった。

その後，開発の担当は，カメラ事業部に移管された。ここでは，ビルのアクセス・コントロール（入退室管理）の使用に期待がもたれた。しかし，この事業は，想定されたほどの収益を上げるには至らないことが判明した。結果的に，1993年2月に開発中止か否かの決断に迫られることになった。本来であれば，開発が中止される案件であったが，当時の大賀社長の経営トップの判断があり，かろうじて開発中止とはならなかった。

ここで，偶然，三菱商事から，香港のオクトパスカードの入札案件をソニーに持ちかけられた。ソニーは，開発部隊主導で応札に参加することになった。

---

9) ソニーが開発した非接触ICカード

結局，オーストラリアのERGシステムが採用され，日本勢はシステム部分の入札は逃したものの，カードについては，ソニーのフェリカが採用されることになったのである。

ただし，香港向けに，フェリカ事業は立ち上がったものの，当初想定したようにJRの自動改札に採用されるまでには，その後も数多くの技術課題を解決しなければならなかった。例えば，JRの自動改札への技術課題として，バッテリーレスと「10cm，0.1秒」（10cmの距離で通信し，0.1秒で処理する）という厳しい要求仕様が課された（青島・鈴木，2008）。また，定期券の代用を考えると，当然ながら，チップのコストも大幅に抑えることが要求された。

これらの要求に対応できたのは，毎回の情報処理のたびに，読み取り機周辺に生じる電界に接触し，電磁誘導により内部発電するという画期的な技術革新が実現されたためである。このバッテリーレスのメカニズムはJR東日本とソニーの間の長期にわたる開発過程で固まっていった仕様である。1998年にJR東日本内で評価がおこなわれ，設備投資計画が承認された。これにより自動改札への組み込み，システム建設，周辺機器開発が行われ，2001年11月18日に電子切符であるSuicaのサービスが開始されたのである。

このフェリカの成功事例は，開発当初の時点において市場が存在していないような画期的なイノベーションを実現するためには，相応の期間が必要であることを端的に示している。フェリカの技術開発の収益性を事前に予測することは，大変困難であったと考えられる。また，結果的には，将来を見通した経営トップによる判断が重要あることも示唆している。

第4節 ● 想定外のリスク

技術開発及び商品化も成功し，大きな収益を上げたとしても，そのイノベーションの成果を継続的に維持していくことは必ずしも容易ではない。成功したイノベーションであっても，想定外のリスクによって，イノベーションの利益を維持できなくなることがある。

このような想定外のリスクとして，イノベーター[10]のジレンマという概念を紹介しよう。Christensenは，イノベーションの創出に成功したイノベーターである優良企業が，従来技術とは抜本的に異なる「破壊的イノベーション」の登場によって，市場を奪われる可能性があると指摘した（Christensen, 1997）。Christensenの定義によれば，破壊的イノベーションは，「従来とはまったく異なる価値基準を市場にもたらす」ものであり，「少なくとも短期的には，製品の性能を引き下げる効果を持つイノベーション」である。

破壊的イノベーションは，持続的イノベーションと対比される概念である。持続的イノベーションとは，既存製品の性能を高めるものであり，顧客が評価するイノベーションである。それゆえ，Christensenは，ほとんどの企業の技術進歩は持続的イノベーションであると述べている。その一方で，従来とは異なる価値基準をもたらす新しい技術が破壊的イノベーションとして登場する可能性がある。この時に新しい破壊的イノベーションが顧客の要求を満たしていることは少なく，通常，顧客は破壊的イノベーションを評価しないことが多い。そのため，顧客の声を重要視する既存の大企業は破壊的イノベーションへの対応が遅れ，その後，新しい技術が市場の要求水準を満たすと大きく市場を失う可能性があるというのがChristensenの主張である。

イノベーターのジレンマの概念はイノベーション研究者のみならず，世界中の実務家にも大きな影響を与えた。それは，破壊的イノベーションによって，既存企業，特に成功した企業が市場を奪われる可能性があるという示唆が極めて重要なためである。前述のように破壊的イノベーションは，当初は，既存企業がメインの市場としている主要市場において，顧客の要求する性能を下回っていることが多い。主要市場の顧客は，この時点では，破壊的イノベーションを評価せず，採用することはない。そのため，顧客の声を忠実に聞く既存の成功企業は，破壊的イノベーションの開発に注力しないという選択をする。しかしながら，従来，主要市場を担ってきたイノベーションの性能は顧客のニーズを超えてしまうこともある一方で，破壊的イノベーションは，時間とともに，性能を向上させ，顧客のニーズを満たす可能性がある。こ

---

10) イノベーションを創出する主体。ここでは，イノベーションを創出する企業を意味している。

の時点で，新しい破壊的イノベーションが市場を席巻することになる。それゆえ，顧客の声を忠実に聞く企業であればあるほど，すなわち，優れたイノベーターであるほど，その企業が既存の市場を失う可能性が高くなる。

　Christensenは，顧客と投資家に資産を依存している企業の経営者の合理的判断として，リスクの高い破壊的イノベーションへの投資を回避することは自然であると主張しているのである。

　また，Christensenは，イノベーターのジレンマに陥る要因として，顧客の声を重視し過ぎることが主要因のひとつであることを示したが，バリューネットワークも重要な要因になることを示している。バリューネットワークとは「入れ子構造になった商業システム」である。これは，自社を中心として，製品・サービスの購入・販売の商流がネットワークのように複雑に絡み合っていることを意味している。そして，Christensenは，破壊的イノベーションが登場した際に，そのバリューネットワークが成功企業の対応の足かせになる可能性を指摘している。破壊的イノベーションが登場して，従来のバリューネットワークを変更しなければならないとしても，大企業は，バリューネットワークが強固であるがゆえに，それを変更することができず，破壊的イノベーションへの対応が遅れるということである。特に，日本企業においては，企業間の関係が強固であるとされ，この指摘は，日本企業にとってこそ重要と考えられる。

　本書の第4章以降では，画期的なイノベーションに成功した幾つかのファミリービジネスの事例を紹介するが，これらの企業では，あまりに斬新な製品であるため，当初は，従来の流通企業から極めて低い評価を得たケースがある。これは，まさにバリューネットワークの問題である。Christensenが指摘するように，すでに成功している企業においては，折角良いアイデアを持っていたとしても，既存のバリューネットワークにおいて評価が低い場合には，新製品あるいは新サービスへの挑戦を躊躇してしまう可能性がある。しかし，第4章にて紹介するファミリービジネスにおいては，既存のバリューネットワークの低評価に対して，それを覆すために全力で取り組み，また，新しいバリューネットワークを構築することにより，画期的なイノベーションを成功させている。そして，それが経営者による卓越した戦略的マネジメントに

よるものであることが示されている。

第5節 ● イノベーションの多様化

　以上はイノベーションを「技術革新」として捉えて説明を行ってきたが，近年ではイノベーションの種類が多様化しており，技術革新のみではなく，もっと広く捉えるべきであると考えられている。技術革新ではないイノベーションの代表例が「新しいビジネスモデルの創出」である。

　従来のイノベーションでは，新しい技術の開発が基礎として考えられており，それによって，新しい製品を販売したり（一般にプロダクトイノベーションと呼ばれる），製造工程などのプロセスに大きな改善がもたらされる（一般にプロセスイノベーションと呼ばれる）ことが主要なイノベーションであると考えられた。それゆえ，従来は，イノベーションとは，「技術革新」であると解釈して問題がなかった。

　しかしながら，近年，イノベーションのあり方にも大きな変化が現れている。例えば，情報技術の進展と普及によって，顧客と企業との間，あるいは企業間でやり取りする情報量が増大すると同時に，その膨大な情報量の処理が簡便かつ迅速に行うことが可能になった。そのため，画期的なビジネス上のアイデアが比較的容易かつ早期に実現し，経済・社会に大きな変革をもたらしている。すなわち，新しい技術開発を必ずしも必要とせず，情報技術の活用によって，新しいアイデアを実現し，イノベーションを起こすことが可能になったのである。

　特に，同じような製品・サービスを提供するとしても，その提供形態を新しくすることによって，既存企業を圧倒し，市場を席巻する企業が登場している。周知の例でいえば，高度な情報技術を駆使して，短納期・安価でありながら，顧客の詳細な要望に合わせた仕様のパーソナルコンピューターを提供する企業が登場し，日本のコンピューターメーカーに対して，競争優位を確立したケースが知られている。性能の良い新しい製品を提供するだけでなく，情報技術を駆使した製品の新しい提供形態を構築することも重要になっ

てきているのである。

　すなわち，企業の事業形態をビジネスモデルと定義すれば，新しいアイデアに基づいて，「新しいビジネスモデルを創出すること」も新技術の開発と同様に重要なイノベーションであると考えられる[11]。ビジネスモデルの創出がイノベーションであるとすれば，繰り返しになるが，イノベーションの創出には，必ずしも新しい技術を必要としない。もちろん，ビジネスモデルが重要になった背景には，情報技術の進化と普及があり，新しい情報技術の開発が必要な場合もあると考えられる。ただし，ここで認識すべきことは，新しい情報技術を開発することよりも，ビジネスモデルとしてのアイデアにイノベーションの源泉が認められる場合が多くなってきているということである。その端的かつ身近な具体例は後に示そう。

　技術革新のみならず，例えば，ビジネスモデルの創出がイノベーションであるということは，従来よりもイノベーションの範囲が広がっていると考えることができる。そして，イノベーションの範囲が広がってくると，イノベーションを起こす主体（イノベーター）も広がってくる。すなわち，従来のように，新しい技術の登場がイノベーションであるとすれば，主たるイノベーターは，新しい技術を開発しているメーカーである。また，職務で考えれば，メーカーに勤める研究者・技術者，あるいは，大学等の公的研究機関に所属する研究者が重要なイノベーターとなる。ただし，ビジネスモデルの創出も重要なイノベーションということであれば，イノベーターがメーカーである必要がない。また，職種で考えれば，技術者や研究者だけがイノベーターとは限定されない。例えば，情報技術を活用して，新しいビジネスモデルを実践する企業は，技術のユーザー企業であるが，イノベーターとなることが十分可能である。そして，この技術のユーザー企業は，必ずしも技術の専門家である必要はない。そのため，技術に詳しくない人材，すなわち，技術者・研究者以外の職種の人材である営業担当者や企画担当者なども主たる

11）イノベーションの研究者においても，イノベーションを広く定義する傾向が認められる。例えば，「顧客が望む新製品や新サービスを提供するための新しい知識の利用」（Afuah, 1998），「顧客が持つ問題の解決のための，新しい情報の利用」（小川，2000）などの例がある。本書におけるイノベーションの定義もこれに近い。

図表 2-1　イノベーションとイノベーターの広がり

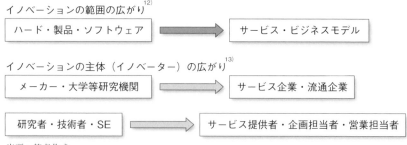

出所：筆者作成。

イノベーターになりうる。

　もともとイノベーション研究においては，以上のように「主たるイノベーターは誰か」ということは重要なテーマのひとつであった。新製品開発や生産プロセスの改善が主要なイノベーションであった時代であれば，イノベーターについては，大きく分けて 2 つの議論が考えられた。それは，新製品や新プロセスに関わる複数の企業の中で，どの企業が主たるイノベーターなのかという議論，あるいは，その企業の中で，どのような人材が主たるイノベーターなのかという議論である。前者の議論については，例えば，自動車のイノベーションであれば，最終的に自動車を組み立てるメーカーがイノベーターであるのか，あるいは，そのメーカーに自動車部品を供給するサプライヤーがイノベーターであるのかといった議論である。後者の議論であれば，自動車メーカーの工場の生産者・管理者なのか，事業部門の技術者なのか，研究所の研究者なのかが分析された。一方，サプライヤーではなく，技術のユーザーが主たるイノベーターとなる場合もある。

　以上のように，新製品開発やプロセス導入がイノベーションの場合には，製品やプロセスなどの技術開発に関わるユーザーを分析の対象にすれば十分であったが，ビジネスモデルの創出も重要なイノベーションということを考え

---

12) この図は，イノベーションの広がりを端的に表したものであり，イノベーションは，ここに示したものに限らない。

13) イノベーションの広がりと同様に，イノベーターについても，ここに示した主体は例示である。極端にいえば，アイデアを持っている人材であれば，誰でもイノベーターになることができる。

るのであれば，さらに多くのユーザーをイノベーターとして考えなければならない。コンピューターを組み立てるというよりも，コンピューターの売る仕組みに新しい考え方を導入した企業がイノベーターである場合や，後に紹介するようにコンビニエンスストアのように情報技術のユーザーである流通企業なども主要なイノベーターとなることが可能である。

　図表2-1に，イノベーションの範囲及びイノベーターの広がりを端的に示した。次節では，これを，より具体的に分かりやすく理解するため，新しいビジネスモデルの創出がまさに社会・経済に変革をもたらすイノベーションであり，また，その主たるイノベーターとして，技術開発を行うメーカーではなく，技術の専門家ではないユーザー企業がイノベーターとなった代表的な事例を紹介しよう。

第6節 ● イノベーション・マネジメントの必要性

　前述のように，一般にイノベーションを実現しようとするためには，数多くの不確実性を克服し，長い道のりを超える忍耐力が必要である。そのためには，社内及び社外を納得させるだけの長期的な視野とマネジメントが必要になる。

　この点，イノベーションの不確実性が高いのであれば，その不確実性を克服するための様々な戦略的マネジメントが提示されている。端的には企業内部の人材だけに頼るのではなく，外部の人材やアイデアを活用しようとする考え方である。

　例えば，Hippelは，イノベーションの源泉としてのユーザーの重要性を主張し，例えば，科学機器を対象に分析した結果，イノベーションの77%がユーザー支配的な過程であると指摘した（(Hippel, 1976)，(Hippel, 1977)）。また，半導体・電子アッセンブリー製造においても，同様にユーザーが重要な役割を担ったことを指摘している。そして，イノベーションにおいて主要な役割を担うユーザーをリード・ユーザーと定義した。

　Hippelの分析した事例では，ユーザー自身も高度な技術的知識を有する研究者・技術者である。一般の技術開発においては，高度な技術知識を有する

ユーザーの活用は重要である。ただし，ビジネスモデル創出の場合には，必ずしも，ユーザーが高度な技術知識を持っている必要はない。

　小川は，新しいビジネスモデルの創出というイノベーションにおいて，日本最大手の小売企業になったセブンイレブンが情報技術のリード・ユーザーとして主要な役割を担った事例を分析している（小川，2000）。コンビニエンスストアという店舗形態は1970年代にアメリカから導入されたものである。そのため，日本に導入された時点では，新しいビジネスモデルを創出したとはいえない。しかし，以下述べるように日本にコンビニエンスストアという店舗形態が導入された後に，高度な情報システムを活用して，「新しいビジネスモデル」が創出されたと評価することができる。

　セブンイレブンの新しいビジネスモデルは，具体的にはPOS（販売時点情報管理）システムという情報技術を活用することによって創出された。POSシステム自体は，情報システムの専門企業により開発されたものである。ただし，イノベーションを主導したのは，セブンイレブンという技術のユーザーではあり，決して技術の専門家ではない企業がイノベーションを主導したことになる。

　前述の小川によれば，コンビニエンスストアの店舗発注システムは，補充発注システム，自動発注システム，仮説検証型システムの3つに分類できるとする。業務の効率化という点では，商品補充と発注を電子的に行う補充発注システムで十分と考えられる。しかし，新しいビジネスモデルという観点からは，「いつ，どこで，どのような顧客が商品を購入するか」という仮説を提示し，その検証を行う仮説検証型システムが重要であった。

　セブンイレブンは，POSシステム導入前の1978年に，店舗発注システムを日本電気株式会社（NEC）から導入した。このシステムでは，店舗で各商品のバーコードをなぞり，発注数量を端末に入力すれば，本部で入力し直すことなく，自動的に発注が行われる。このシステムによって，誰もが簡単に発注業務をこなすことができ，業務の効率化を図ることが可能になった。ただし，この段階では，業務の効率化はなされても，在庫削減や顧客満足を向上させる品揃えは達成されない。そこで，セブンイレブンは，1982年に顧客データを蓄積し，「いつ，どこで，どのような顧客が商品を購入するか」を仮

説・検証するビジネスモデルを導入した。このビジネスモデルの画期的な点は，どの地域，どのような性別・年齢層の顧客がどの季節・時間帯に，どのような商品を購入するかを予測してから発注することにある。このやり方に基づいて商品を発注することにより，顧客が望む品揃えが進み，顧客満足度が著しく向上するという新しいビジネスモデルが導入された。情報システムの「使い方」を新しく見出し，仮説検証して発注する業務という新しい「ビジネスモデル」を創出したのである。

　ただし，このシステムを単純に導入した当初は，様々な課題があった。そこで，情報システムは順次改訂されていった。そして，それは，情報システムの開発企業ではなく，ユーザー企業であるセブンイレブン主導により行われていった。システムの導入当初は，各店舗の販売データを本部で集計した後，その集計結果は各店舗に紙で配布されていた。そのため，集計結果の資料は膨大な量となり，結果的に，この販売データは，十分に活用されないケースが見受けられた。この課題を克服するため，セブンイレブンは，1985年に各店舗の担当者がパソコンのグラフで視覚的に判断できるようにグラフィック・パソコンを導入した。これによって，各店舗の担当者は，詳細な販売データとその分析による仮説に基づく発注が可能になったのである。

　ただし，それでもなお，店舗業務により担当者は，多忙であり，店の奥にあるパソコンのグラフを見て発注する時間がなかった。そのため，分析結果を活用しないで担当者が発注する場合も少なくなかった。セブンイレブンは，この課題に対応するため，店頭でもグラフ分析が可能なように，当時世界最軽量のノート型パソコンを導入した。しかも，グラフを見なければ発注が終了しないようにシステムを改良した。これにより，各店舗の担当者は仮説検証型のシステムを活用して商品を発注するようになったのである。

　以上のようにセブンイレブンの主導によって，次々と情報システムが改良され，新しいビジネスモデルが進化していったのである。このビジネスモデルは，セブンイレブンのみにメリットをもたらしたのではない。顧客の購買動向を仮説で検証し，それに基づく品揃えを行うということは，顧客側からすれば，欲しいものが常に店頭にあるということを意味する。それこそ，24時間営業であれば，何時でも欲しいものが顧客に提供されていることになり，

顧客満足を満たす「新しいビジネスモデル」が創出されたのである。

　顧客は，無意識に「欲しい時期・時間」に気軽に商品を手に入れると感じることができる。顧客満足度は向上し，セブンイレブンは小売のトップ企業にまで上り詰めたのである。そして，このビジネスモデルの創出は，まさに，社会・経済に大きな変革をもたらしたイノベーションであり，かつ，セブンイレブンという企業の競争優位の源泉になったと解釈できる。

　注目すべきは，このビジネスモデルの創出を主導したのが情報技術の専門企業ではなく，情報技術のユーザー側のセブンイレブンであったということである。データのグラフ表示，店頭でも発注可能にしなければならないなどの現場の課題は，実際に業務を統括しているセブンイレブンでなければ把握することができない。実際に，小川は，新しいシステムの提案は，セブンイレブンから提案されていることを詳細なインタビューにより確認している。この事例は，技術に精通していないユーザーがイノベーターとしての主要な役割を担うことが可能であることを実証したものと捉えることができるのである。

　一般に情報技術を用いて新しいビジネスモデルを創出する場合には，顧客ニーズとシステムを活用している現場の情報が重要である。そのゆえに，顧客情報と現場を統括している情報技術のユーザー企業がイノベーターとして重要な役割を担うことも可能と考えられる。しかしながら，セブンイレブンの事例が示すように，ユーザー企業がイノベーターである一方で，新しいビジネスモデルを構築するためには，高度な情報技術も必要不可欠な要素であることも多い。

　この点，一般にシステム開発企業は情報技術に精通しているが，顧客ニーズ・現場の情報には疎い。一方，ユーザー企業は顧客情報などに精通しているが，情報技術には疎いことが多いと考えられる。そのため，イノベーションを創出するためには，システム開発企業と情報技術のユーザー企業との緻密なコミュニケーションに基づいた共同作業が不可欠である。しかし，それは企業の垣根を超えたコミュニケーションであり，必ずしも容易ではない。このように，情報というものは属人的なものであり，情報の真意が伝わりにくいという性質は，『情報の粘着性』と呼ばれている（Hippel, 1994）。[14]

14）Hippelは，情報を利用可能な形で特定の場所へ移転するのに必要とされる費用を粘着性

新しいビジネスモデルを創出するためには，情報の粘着性を克服し，顧客ニーズや現場に関する情報と，そのニーズを解決する情報技術を融合させる必要がある。このような粘着性を克服して，新しいビジネスモデルを創出したセブンイレブンは高く評価できると考えられる。

　さらに，リード・ユーザーの考え方をさらに拡張させ，ユーザーのみならず，企業外部の力を積極的に活用すべきとする考え方が近年注目されている。チェスブローは，「企業内部と外部のアイデアを有機的に結合させ，価値を創造させること」をオープン・イノベーションと呼び，イノベーションのパラダイムシフトが起きていると主張した (Chesbrough, 2003)。この定義だけを見れば，当たり前のことをいっているに過ぎないとも考えられるが，チェスブローは，従来のイノベーションをクローズド・イノベーションと呼び，その違いを対比することで，研究開発戦略のパラダイム変化を認識することの重要性を指摘した。具体的には，クローズド・イノベーションは，「成功するイノベーションはコントロールが可能」という信条に基づくものであり，ひとつの企業内でアイデアを発展させ，マーケティングやファイナンスのすべてを実行するという「内向き」の論理を実行させるものだと批判する。そして，このパラダイムは，すでに，20世紀の終わりに崩壊しており，巨大企業がイノベーションに失敗する要因は，オープン・イノベーションへのパラダイムシフトに適応していないことであると主張する。オープン・イノベーションのパラダイムにおいては，企業は，積極的に外部のアイデア，研究開発成果を取り入れる必要があり，また，自社のアイデア，研究開発成果を商品化する場合にも，自社以外のリソースを活用することになる。

　このようなオープン・イノベーションの考え方は日本の企業においても注目されており，積極的にオープン・イノベーション戦略を採用すると公表する企業も増えてきている。ただし，企業外部の資源を積極的に活用するためには情報の粘着性が大きな課題となることが容易に想定される。この点でも，

と呼び，粘着性が高いところでイノベーションが発生するとして，イノベーションの発生場所を情報の粘着性により説明できると主張した。また，小川は，セブンイレブンを対象に分析を行い，情報の粘着性の理論の実証と拡張を試みている。

15)　パラダイムとは，規範や模範などと訳される言葉であるが，ここでは，考え方や理論的体系を意味している。

情報の粘着性を超えるイノベーション・マネジメントの必要性が高まっていると考えることができる。

第7節 ● ファミリービジネスのイノベーション戦略

　本章では，イノベーションの定義のみならず，イノベーションの実現までには長期間の投資が必要であり，また，その間に様々な不確実性があることを詳細に説明した。また，イノベーションの範囲が広がり，イノベーションが多様化していることも紹介した。一方，イノベーションへの不確実性により，場合によっては，イノベーションへの投資を経営者が躊躇する可能性が高まっていることが指摘されていることを述べた。特に投資家から短期的な収益向上に迫られている経営者にとっては，イノベーションへの投資を回避する傾向がある。

　この点，ファミリービジネスであれば，創業家の強いリーダーシップにより，大胆な投資の意思決定ができるかもしれない。特に他社が取り組まないようなイノベーションであれば，一般には不確実性が高いと考えられ，投資判断は極めて難しいが，そのようなイノベーションこそが競争優位を確立する可能性がある。第4章以降のファミリービジネスの成功のケースは，まさに他社が挑戦しない，既存の常識とは異なるイノベーションに挑戦し，成功した企業である。

　前節のセブンイレブンも周知のように創業者が長年経営者として，次々と新しいイノベーションを創出したことで知られている。また，特に仮説検証型システムの導入については，他社はしばらくの期間，追随しなかったことが確認されている（小川，2000）。戦略とは他社が行わないことを実行することにより，卓越したポジションを追求し，他社と差別化することであると第1章で述べたが，まさにセブンイレブンは，イノベーションの「戦略」を実践したのである。前節では，イノベーションの成功の要因として，情報の粘着性を克服した点が評価できると説明した。この点，専門情報とは，属人的なものであり，それを融合させるためには，時間もコストがかかり，通常は

克服することは困難であると考えられる。情報の粘着性を克服する具体的な手段としては，社内及び社外の積極的な情報交流とともに様々な専門情報に精通した人材を育成するマネジメントが必要である。ただ，このようなマネジメントを実践したとしても，イノベーションが実現するまでには莫大なコストと時間がかかる。しかしながら，セブンイレブンは，戦略的に，情報の粘着性を超える人材育成及びマネジメントを意図的に行っていたと評価できる。[16]

第4章以降では，従来の常識を打ち破り，他社とは異なるイノベーションを実現したファミリービジネスのケースを紹介する。その上で，このようなイノベーション戦略を成功させた要因について詳細に分析を行うこととする。

第2章 ▶ 章末問題

① あなたが思い浮かべるイノベーションとは何でしょうか。身近なものでも，人類の歴史を変えたような壮大なものでも構いません。

② イノベーター（イノベーションの担い手）に必要な素質は何でしょうか。また，イノベーターをまとめるマネジメントには何が必要でしょうか。

---

16) 小川（2000）は，競合他社にはないセブンイレブンの特徴として，情報化に向けたトップの強い指導力と企業内外の組織間の壁を越えた情報交流を積極的に促すマネジメントが行われていることを確認している。

第3章
企業固有の能力

> **キーワード**
> - 資源理論
> - ダイナミック・ケイパビリティ
> - オーケストレーション
> - 経営者の能力
> - イノベーション創出

　近年の戦略論においては，企業を取り巻く外部要因を分析するだけではなく，企業が保有する内部の能力こそ重視すべきとする理論が注目されている。そして，企業内部の能力には幾つかあるものの，資源に乏しい中小企業においては，特に経営者の能力が重要であると考えられる。また，経営者の能力が企業にダイレクトに反映されるのは，株主の権限が強い大企業よりも，経営者の意思が直接経営に影響を与えるファミリービジネスであるといえる。このような観点に立って，本章では，既存研究を引用しながら，経営者の能力を中心にイノベーション創出に貢献する企業固有の能力を説明する。第4章以降では，これらの議論を元に具体的な企業の詳細な事例分析を行っていく。

第1節 ● 戦略論における経営者の位置づけ

　経営関連諸学の進化プロセスにおいて，戦略論は最も未開拓，最も未熟な領域のひとつであるとBarney（2002）は示唆している。財務や組織行動学はすでに1950年代までには厳格な学術領域としての地位を固めつつあり，マーケティング，会計，オペレーション・マネジメントに関しても，1960年代までには同様の地位に到達していた。しかし，戦略論の分野で，厳格な理論に基づく研究が始まったのは1970年代の終わりから1980年代初頭になってから

とされる。この時期までは，戦略論は多くの場合，引退した経営者によって教授され，授業の中身も組織における経営管理者の行動や意思決定を叙述することに力点が置かれていたという（Barney, 2002）。

この遅れてやってきた戦略論は，具体的には，2つの象徴的な研究によって，学問として未熟な状態から現代の学術的理論の分野へと進化を始めた。それは *Strategy, Structure, and Economic Performance*（Rumelt,1974）とともに *Competitive Strategy*（Porter, 1980）の貢献によるところが大きい（Barney, 2002）。特に，第1章でも紹介したPorterは産業組織論の概念を企業の競争環境における機会と脅威の分析に適用した。これは画期的な分析フレームワークとなり，現在でも，その重要性と有用性は大きいと考えられる。Porterの提案以前は，企業の競争環境分析は十分に構造化されておらず，企業の直面する機会と脅威に該当する項目をリストに整理する程度であったとされる。Porterの分析フレームワーク以後，企業環境における重要な機会や脅威は，産業組織論の概念を利用して分析できるようになった。この理論的ブレークスルーの結果，戦略論は知的成熟のスピードを速めることとなった。

しかし，外部環境だけを分析するだけでは，戦略立案に必ずしも十分ではないという批判も提示されるようになった。例えば，同じ業界の企業において，その収益性は大きく異なるが，業界の外部環境は，基本的にすべての企業に同じ影響を与えると考えられるため，収益性の違いを外部環境だけでは十分に説明できない。また，競争環境上は非常に厳しい業界でも，高い利益を生み出す戦略を構築し，実行できる企業は実際に存在している。逆に，目立った脅威がなく，有望な機会に満ちた業界にいながら，標準を下回るパフォーマンスしかもたらさない戦略を選択し，実行してしまう企業もある。すなわち，業界の外部環境だけが企業の潜在的収益性を決定する要因ではないと考えられるのである。そのため，同じ業界であっても，異なる企業のパフォーマンスを理解するため，個別企業が保有する独自の強みや弱みの検証を行う資源ベース論が提示されるに至った。戦略論は「外から内へ」の考え方から，企業の内的能力の維持と発展に着目した「内から外へ」という内部資源を基礎とする理論として発展していったとも捉えることができる。

以上の企業の内部に注目する資源ベース論の中心的課題として，企業の固

有能力に関する研究がある。代表的な研究は，企業の競争優位がその企業の中核的能力により得られることを指摘したPrahaladとHamel（1990）の研究である。彼らは，企業における組織的な学習，特に多様な製品や技術を調整・統合する能力が重要であり，これが企業の競争優位の源泉であると主張した。そして，Barney（2002）は，企業の諸活動のバリューチェーンにおいて，どの活動にその企業固有の強みがあるのかを分析する必要性を指摘した。企業のバリューチェーンの例として，Porter（1985）のモデルを紹介している。Porterのバリューチェーンのモデルでは，企業の活動を大きく，主要活動と支援活動に分け，企業活動のインプットである購買から，製造，配送，販売・マーケティング，顧客サポートまでのアウトプットに至る活動を主要活動とし，それらを支援するインフラ活動（財務や法務，情報システムなど），研究開発，人的資源管理を支援活動とした。この上でこれらの活動ごとに競争優位の源泉となる資源や能力を特定することが重要であるとした。

さらに，これらの資源や能力が競争優位の源泉となり得る強みなのかを分析する具体的なフレームワークを提示した。このフレームワークは，頭文字からVRIOのフレームワークと名付けられ，それぞれの項目に問いが設定されている。以下がVRIOのフレームワークによる問いかけである。

① 経済価値（Value）に関する問い

　その企業の保有する経営資源やケイパビリティは，その企業が外部環境における脅威や機会に適応することを可能にするか。

② 希少性（Rarity）に関する問い

　その経営資源を現在コントロールしているのは，ごく少数の競合企業だろうか。

③ 模倣困難性（Inimitability）に関する問い

　その経営資源を保有していない企業は，その経営資源を獲得あるいは開発する際にコスト上の不利に直面するだろうか。

④ 組織（Organization）に関する問い

　価値があり希少で模倣コストの大きい経営資源を活用するために，組織的な方針や手続きが整っているだろうか。

Barney（2002）は，これらの問いに対して，多くがYesとなる資源や能力があれば，それらが競争優位の源泉となる固有の「強み」となるが，その一方で，Noとなるような資源や能力であれば，競合他社に対して劣位をもたらす「弱み」になると主張した。

　さらに，このように個々のバリューチェーンにおける企業活動のみならず，活動全般に影響を与える経営者に焦点を当てるべきという考え方も重要である（Barney, 2002）。経営者は企業のパフォーマンスに非常に大きなインパクトを持っており，組織にあって自社の置かれた環境を分析し，自社の強みと弱みを理解して事業価値を最大化する戦略を選択する存在である。そのため，質の高い経営者はその企業の強みであり，質の低い経営者はその企業の弱みとなる。

　ただし，経営者を第一に着目するアプローチには説得性があるものの，その応用可能性の限界もBarneyは指摘している。例えば，経営者の意思決定が企業のパフォーマンスにとって最も重要な要素ではあるものの，質の高い経営者が持つべき特質・属性とは何なのかという点は未だ十分に明らかにされていない。

　本書も，企業固有の能力が企業の収益性を大きく左右し，また，第一に注目すべきは経営者の能力であるという立場を重視する。特にファミリービジネスにおいては，その最大の特徴は，所有と経営の一致であり，創業家が経営者の能力に直接的な影響を与える。例えば，創業家がもたらす企業文化や理念などは，他社とは異なる独特なものとなる可能性があり，他社が模倣することも困難な場合がある。これらが経営者の能力を通じて，企業の競争優位の源泉になることが考えられる。

　本書では，第4章以降にイノベーション創出に成功したファミリービジネスの詳細なケース・スタディを行い，幾つかの経営者の能力を提案し，それがファミリービジネスの優位性になり得ることを示すこととする。

第2節 ● 経営者の能力の既存研究

　既存研究においては，戦略的経営者は明確に認識できる形で分析されていないと指摘されている（Helfat et al., 2007）。もちろん，経営者の能力についての文献は数多くある。しかし，それらは主として，実際の経営体験から生まれてきたもの，あるいは，個別の経営史の中から抽象化してきたもの，あるいは，戦国史の英雄論などから導いてきたものなどから提示されたものであり，多種多様な指摘がされている（清水, 1983）。これらの文献は，実務的には参考になる可能性があるものの，経営者の能力を論理的・体系的な科学にするにはなお不十分であると批判されている。経営者研究，特に経営者の能力を特定している研究は未だ十分ではなく，経営者の機能や役割を紐解く形の研究としてBarnard（1938）やMintzberg（1973）による言及はあるが，今後の重要な研究課題でもある。

　ただし，このような課題があるものの，前述のように本書では，経営者の能力に着目して，ファミリービジネスの優位性を説明することを試みる。また，分析の視点として，日本の経営者の能力について詳細な分析を行った清水（1983）の研究成果を詳細に引用し，これを元に次章ではイノベーション創出に貢献する経営者の能力を整理したい。

　清水は，その代表的な著書"経営者能力論"（1983）において経営者の役割の大きさを以下のように述べている。まず，企業経営の目的は長期に維持発展していくことであり，資本主義社会の中で企業が長期的に維持発展していくためには，利潤を獲得し蓄積していかなければならない。この企業の利潤の源泉は企業内の人々の創造性の発揮にある。経営者の創造性は戦略的意思決定に発揮され，技術者・研究者の創造性は新製品・新技術の開発に発揮される。さらに，中間管理者の創造性はどうしたら部下にやる気をおこさせられるかという工夫に発揮され，一般従業員の創造性は作業手順の改善・工夫などに発揮される。これらの創造性の発揮の総合が利潤となる。ただ長期的にみた場合，経営者の創造性の発揮が最も大きく企業利潤及び企業成長に貢献するとしている。

　清水は，25年間にわたる通商産業省（現経済産業省）の調査と約305名に

図表3-1　経営者機能

機能	機能の内容
1. 将来構想の構築 　　経営理念の明確化	●経営者の嗅覚とシステム思考から問題点を発見・個性化の芽を発見 ●経営理念は経営者個人の哲学と企業文化の「積」 ●創業者社長は，それを明確にしやすいが，2代目社長には難しい
2. 戦略的意思決定	【プロセス】 ●カシ・カリの論理の遂行（相手の立場に立つ考え） ●根まわし（順序が重要　情報共有化） ●公式の決定（機の熟すのを待つ・決定機関の構造・決定パターン） 【対象】 ●製品ドメイン・製品戦略・新製品開発（個性化のための微差を強みに） 【効果】 ●製品戦略をベースに，個性化（強みネットワーク構築・深化） 　　　　　　　　　　　　活性化（全経営過程の好循環） 　　　　　　　　　　　を促進する
3. 執行管理	●動機づけ・組織活性化の方策は環境によって異なる 　（フラット化・ほめる・哲学・危機感・現場回り，異能人材活用・中途採用） ●財務管理の方策は長期的な整合性を目的とする

出所：『社長業の条件』（清水龍瑩，1997）より筆者作成。

のぼる大企業の経営者へのインタビュー・サーベイを行った。このサーベイでは，「当該企業が抱える問題点」，「それに対する対処策ないし戦略」，「それを支える人間の組織」の3つの質問を実施し，そこから仮説の構築・検証を行っている。これによって日本型経営者及び日本型経営の動きと，その向かう方向性を徹底的に究明し，実証研究による新しい経営学の理論の構築を行った。この実証研究によって日本企業ではトップマネジメント要因と製品要因が最も重要であり，その切り口で理論構築を行った結果，経営者機能の3つを提示した。それは，1）将来構想の構築，2）戦略的意思決定，3）執行管理の3つの機能である。

図表3-1は，以上の清水が実証研究によって導き出した経営者機能の概要である。まずは，将来構想の構築や経営理念の明確化が経営者の機能として重要であるとした。ここで，創業者の社長は理念を明確にしやすいものの，2

図表3-2　経営者能力のまとめ

企業家型社長 ←				
	信念を持つ態度	先見性のある態度	その他の企業家精神	人間尊重の態度
将来構想	**野心**：身分不相応な望み ●創業者社長にとって企業成長の原動力 **使命感**：野心から止揚された目標 ●野心をこれによって他人に理解させる	**直観力**：思惟作用を加えることなく対象を直接把握する能力 ●直観力は過去の経験、それによる自信によって強化される **想像力**：過去の経験を組み合わせて心像を作る力 ●異なった意見に絶えず接する	**危険をおかす能力**：意思決定に際し失敗したら責任をとる覚悟をする ●過去に大きな不幸があり、それを乗り越えてきた人に多い **不連続的緊張を自ら作り出す力**：枠を壊して新たなオプディマムを求める力 ●過去の成功の経験から自信を持つ人 ●創業者社長	
意思決定	**理念**：理性から得た最高の概念 ●社会的価値観と一致したとき経理念となる **信念**：信仰心に近い自信の心 ●信念は人を引きつけるための前提	**洞察力**：物の本質を見抜く力 ●原点に立ち戻って考えるクセが重要 **判断力，決断力**：不確実な状況下において自信，大胆さを用いて，非理論的に考え定める力 ●同じような状況の豊富な経験		**包容力**：相手を許容し理解する力 ●常にまわりの人々より高い視点，広い視野を持つ **人間的魅力**：深沈重厚な態度 **人柄**：品格 ●常に自らを愚かにし，他人に対して無我の愛で接する **倫理観：道徳的リーダーシップ**：自分の行為を真心，社会的価値に一致させる ●倫理，連帯感は企業経営のための十分条件ではないが必要条件 ●人事の公平は道徳観の発露
執行管理				

出所：「経営者能力論」（清水龍瑩，1983）より筆者作成。

代目社長には難しいという指摘は興味深い。この点は，ファミリービジネスの事業承継において大きな経営課題になると考えられる。

　次に，わが国経営者が行う戦略的意思決定は，カシ・カリの論理の遂行，根まわし，公式な機関での意思決定の3段階からなると示唆している。カシ・

第3章　企業固有の能力

→ 管理者型社長

科学的態度	その他の管理者精神	強靭な肉体を重視する態度	知識を重視する態度
			一般的知識：企業外環境，企業内条件についての知識 ● 現在及び将来の製品の市場，技術問題についての知識が中心 ● 情報の関連性についての知識 ● 内在化された知識
		健康：強靭な肉体を維持すること ● その他の精神的能力を発揮するための大前提	
システム思考：事象をとり大きなシステムのサブシステムと考える ● トータル・オプディマムが求まり目標の順位づけが可能 **時間の有効利用**：時間の節約を絶えず考える ● 経営者の最大の制約条件は時間でありそれを有効に利用するには目的意識を明確にすること **計数感覚**：経営について計量的な面を強く意識する ● 市場関係数値を含んだ損益分岐点についての理解	**統率力・リーダーシップ能力**：多くの人々を指揮し調整し率いる能力 ● 構想力，包容力，自信，相手の気持ちになって考える力，忍耐力などの統合した力 **責任感**：任務を遂行し，その結果が失敗すれば不利益を負わされることを感じている感情 ● 責任感が薄いと部下がついてこないし企業経営の方向を誤ることがある **連続的緊張に耐えうる力**：一定の枠の中でオプディマムを求める力 ● 秀才型の社長 ● 管理者上がりの社長		**他の役員の考え方や行動パターンについての知識**：役員の真の考え方を知るための知識 ● カシ・カリの理論の遂行，根まわしなどのために不可欠 **好奇心**：新規なもの，未知なものに対する興味 ● 新製品開発，多角的などのトリガーになる ● 生まれつきではなく学習によって得られる

カリの論理の遂行とは，社長がまわりの役員に普段からカシを作っておき，役員が絶えずカリを感じているような雰囲気を作っておくこととする。これは社長の考えを役員に受け入れさせるための前提条件である。根まわしとは，社長が何か具体的案件を考えつくと，これを朝食会，昼食会などの席で話す

などのことである。この根まわしが十分にできたら、公式な意思決定機関にその案件を提出して一気に可決する。一度でも公式な席で否決をされたものはたとえ修正しても執行段階でなかなかうまくいかないため、根まわしが重要となる。

　3点目に執行管理が挙げられている。ただし、執行管理は、戦略的意思決定に参画した役員自ら執行担当者となり、その執行責任を感じているため、それ程問題はないというのがサーベイの結果であるとしている。

　また、清水は、これら3つの機能に対応した形で経営者能力を明らかにすることを試みている。経営者の能力は、それが企業の長期の維持発展に貢献するかどうかによって決まる。常に望ましい能力というのは少なく、企業の経営状況に適合して、より効果的に機能する能力が望ましい。すなわち、望ましい能力とは、ある条件に適合して効率良く機能し、企業成長に貢献する能力である。

　そして、清水は、経営者能力を資質としての個人特性と経営者機能との関連から捉え、その上で経営者能力の体系化を試みた。経営者能力を経営者の持つ個人特性とその機能との関連から考察した。これは、経営者の個人特性がそのまま経営者能力となるとは考えられないという理由からである。

　この体系化の結果、信念を持つ態度、先見力のある態度、その他の企業家精神の3つの個人特性は主として企業家型の経営者に多く備わり、人間尊重の態度、科学的態度、その他の管理者精神の3つの個人特性は主として管理者型の経営者に多く備わり、強靭な肉体を重視する態度、知識を重視する態度の個人特性はすべての経営者に備わっているとした。

　最終的に清水による研究では、経営者能力をその機能発揮の局面と絡み合わせて、図表3-2（横軸：個人特性、縦軸：機能）のように整理している。各能力は、その機能局面と関連させて表示され、その定義と重要なポイントが説明されている。重要なポイントとは、その能力の企業経営における役割あるいはその能力が形成される条件である。

　野心、使命感、理念、信念、直観力、想像力、洞察力、判断力、危険をおかす力、不連続的緊張を自ら作り出す力は、企業家型の社長に多く備わり、将来構想の設定、意思決定に大きな役割を果たしている。包容力、人間的魅

力，人柄，倫理感，道徳感，システム思考，時間の有効利用，計数感覚，統率力・リーダーシップ能力，責任感，連続的緊張に耐えうる力は，管理者型の社長に多く備わり，意思決定，執行管理に大きな役割を果たしている。健康，知識はいかなる経営者にも備わっている能力であり，あるいは備わっていなければならない能力であり，将来構想の構築，意思決定，執行管理のすべての局面で大きな役割を果たしていると結論づけている。

　以上のように清水は，日本企業の詳細な調査に基づき，経営者能力を細かく分類した。本書においては，この成果を発展させ，次章において，イノベーションを創出する経営者の能力の詳細を提示する。

第3節 ● ダイナミック・ケイパビリティ

　第1節でも述べたが，経営関連諸学の進化プロセスにおいて，戦略論は最も未開拓，最も未熟な領域のひとつであるとされる。戦略論は，企業の目的に必要な意思決定・投資に関連した分野を取り扱うものである。この分野では，Porterが先鞭を付けたポジショニング・アプローチが大きく注目されてきた。このアプローチでは，企業は市場競争による外部環境を踏まえて，どのように自社にとって最善のポジションをとることができるかという点が焦点となった。ポジショニング・アプローチは，戦略論の中で依然として重要な役割を担い続けているものの，近年，多くの研究において，企業の内部要因に焦点があてられるようになっている。Porterの「外から内へ」という見解に対し，企業の内的能力の維持と発展に着目した「内から外へ」という見解がBarney（1991）らによって大きく発展した。資源・知識・ケイパビリティを重視するアプローチでは，知識をはじめとした企業の有形・無形資源だけでなく，これらを用いた活動を実行する企業のケイパビリティ（能力）も重要だという点が強調されている。

　そして，ケイパビリティに関する研究の多くは，企業による適応・変化を可能にするケイパビリティ（ダイナミック・ケイパビリティ）を扱っている。この節では，ケイパビリティ研究，中でもダイナミック・ケイパビリティ

図表3-3 2つのケイパビリティとダイナミック・ケイパビリティの定義[17]

資源ベース論におけるケイパビリティ		
1	オペレーショナル・ケイパビリティ	組織が現時点で収益を実現することを可能にしている能力
2	ダイナミック・ケイパビリティ	組織が資源ベースを意図的に創造，拡大，修正する能力

ダイナミック・ケイパビリティの定義の変遷		
1	Teece, Pisano, and Shuen 1997	内部・外部のコンピタンスの統合・構築・再配置を実行し，急速な環境変化に対処する企業の能力
2	Eisenhardt and Martin 2000	企業が市場変化に適合するという目的，さらには市場変化を創造するという目的で，資源を利用するさまざまなプロセス
3	Zollo and Winter 2002	学習されて安定した集団活動のパターンであり，組織はこうしたパターンを通じて有効性の改善を追求し，オペレーション・ルーティンの生成・修正を体系的に実現する

出所：『ダイナミック・ケイパビリティ』（Helfat et al., 2007）から筆者作成。

（Dynamic Capabilities）を説明しよう。

ダイナミック・ケイパビリティの定義は図表3-3に示すように複数提示されているが，本書では，「組織が意図的に資源ベースを創造・拡大・修正する能力」（Helfat et al., 2007）と考える。ダイナミック・ケイパビリティに対比する概念として，オペレーショナル・ケイパビリティがある。オペレーショナル・ケイパビリティとは，組織が現時点で収益の実現を可能にしているケイパビリティ全般を指す。これに対して，組織の変化に対応して，資源を創造・拡大・修正していくことがダイナミック・ケイパビリティである。

そして，ダイナミック・ケイパビリティは，組織及び経営者の能力に注目し

---

17) Pierce and Teece（2005）は，機会を認識するための経営者のケイパビリティが重要だと指摘している。また，Adner and Helfat（2003）は，経営者の役割を検討し，組織の資源ベースの創造・拡大・修正を実行する経営者の能力を表すために「経営者のダイナミック・ケイパビリティ」という言葉を用いている。

た概念である（Helfat et al., 2007）。ダイナミック・ケイパビリティの主な構成要素としては，学習・イノベーションを志向する組織プロセス，事業の基本的な立案方法，時間を通じて企業の投資判断に影響を及ぼす意思決定の枠組・ヒューリスティクス（経験，勘などに依拠した試行錯誤によって解を発見するような手続き）が挙げられる。企業の資源は種類も様々であり，また，資源そのものが直接企業の収益に貢献するのではなく，資源を有効に活用するためのオーケストレーション（束ねる能力）が不可欠である。このオーケストレーションは，ダイナミック・ケイパビリティ・フレームワークの中核をなすとされる。オーケストレーションには，賢明な意思決定，企業家能力が必要とされており，その実現において重要な役割を果たすのが経営者である。

　以上のように資源ベース理論，その中でもダイナミック・ケイパビリティの議論の中では経営者の能力が重要視されている。しかし，一方で，従来の経営学においては経営者の役割が十分に評価されているとはいえない。既存研究の中では，経営者の実際に行っていること，彼らが果たしている経済機能については十分語られていない（Williamson 1991）。むしろ，経営者は，ほぼ完全に姿形がなく，活気を失った存在であり，所有者・投資家の代理人だという点を除けば何の経済機能も果たしていないとする研究もある（Helfat et al., 2007）。

　初期の経営学において，Barnard（1938）や他の研究者は，企業の中での利益相反を抑制し，企業内の協力を実現する上で，経営者が果たすべき役割は「コントロール」，「監督」，「経営」であるとしている。これらは組織の働きを維持する仕事に関連したオペレーションであり，必要不可欠な役割である。ただし，これらのみでは，経営者の戦略的機能の重要性を十分に反映した役割とはいえない。近年では，企業が持つ資産の多くは無形資産であり，外部環境の変化に応じて，企業内部の資産の調整・適応などが重要課題となっている。

　多くの無形資産は特異性を持つため，他の資産とうまくコーディネートし，独特の配置を作り出す能力によって，価値を創造することができる。そのため，経営者は，企業内で特定の資産の配置を行って，大きな価値を創造す

ることができる。このように経済利益を得るために特定の資産の配置・オーケストレーションを実行するというプロセスこそが経営者機能とみることができる。

近年の研究で強調されるのは，企業は特異で取引困難な資産・ケイパビリティのポートフォリオからなるという点である。特に，急速に変化する事業環境において，持続的に競争優位を確立するためには，複製困難な資産を所有するだけでは不十分であり，それに加えて，独特で複製困難なダイナミック・ケイパビリティも必要である。ダイナミック・ケイパビリティとは，「機会と脅威の感知・具体化」，「機会の補足」，「企業の無形・有形資産の強化・結合・保護」に加え，必要な場合に行われる再配置を通じた競争力の維持，といったことに必要とされる能力と分解できる。こうした一連のオーケストレーションに長けていることによって，イノベーションをうまく実現し，長期的に優れた財務パフォーマンスを達成することができると考えられる。そして，そこには経営者が大きな役割を果たしており，経営者のダイナミック・ケイパビリティが重要であるといえる。

第3章 ▶ 章末問題

① これまでの戦略論では，経営者の存在や経営者能力についての議論が十分になされていませんが，それはどうしてでしょうか？
② 不確実性が高まってきている現在，ダイナミック・ケイパビリティを保持することは組織として急務です。具体的には，どのようなアクションが有効でしょうか？

第4章
カテゴリー・イノベーションの創出

> **キーワード**
> - カテゴリー・イノベーション
> - 食品企業
> - 事例分析
> - 容器・包装
> - 経営者の能力

　本章では，ファミリービジネスの経営者の能力を具体的に特定するため，食品容器や包装のイノベーションの創出により，新たな市場のカテゴリー（分類）を創出した企業の定量分析及び事例分析を行う。食品は誰にとっても身近な存在であり，そのイノベーションの成果は多くの人が享受している。今や当たり前のように食品メーカーの商品が数多くの消費者に届いているが，それは容器や包装の力を借りることにより，実現している。すなわち，食品は容器や包装と一体化してこそ製品としての価値が生まれているといっても過言ではない。そのため，容器や包装のイノベーションは，食品メーカーにおいて死活的に重要であり，逆に，新たな食品容器や包装のイノベーションを活用することにより，消費者の利便性が飛躍的に向上して，今までになかった市場カテゴリーが創出されたと解釈できる。本章では，これらのイノベーションを既存文献から可能な限り，洗い出し，そのイノベーションの担い手を特定した。その上で定量分析及び詳細な事例分析を行い，多くのイノベーションがファミリービジネスにより実現したこと，また，その実現に貢献した経営者の能力を提示する。

第1節 ● 食品容器や包装のイノベーションに関する定量分析

　本書はファミリービジネスの優位性を説明するため，ファミリービジネスの経営者の能力に着目している。そして，イノベーションを創出するための経営者の能力として，経営者のダイナミック・ケイパビリティが重要であると考えているが，本節では，そもそも，ファミリービジネスにより，数多くのイノベーションが創出されているのかについての定量的な分析を行う。そして，これらのイノベーションの創出が経営者のダイナミック・ケイパビリティによって実現できたことを次節以降のケース・スタディにおいて詳しく分析することとする。

　ファミリービジネスのイノベーションの能力の存在を確認するため，具体的には食品容器や包装のイノベーションを分析対象とした。実は，日本の食品産業においては，戦後の高度成長とともに，画期的なイノベーションが数多く創出されている。特に，従来の統計においては区分が存在していなかった市場に新しい製品が登場し，統計区分が新しく創設されるような画期的なイノベーションが次々と誕生している。これらのイノベーションを市場カテゴリー（市場区分）を創出したカテゴリー・イノベーションと名付けて，そのイノベーションを実現した企業を特定した。

　具体的には既存の文献調査に基づいて，過去の食品産業において，新たな市場に初めて登場した商品を可能な限り抽出し，そのイノベーションと食品メーカーを特定し，分析を行った。食品は誰にとっても身近な存在であるという点から理解しやすい。また，そのイノベーションの成果を多くの人が享受しやすいことから，社会に対する影響力が大きい。しかしながら，そもそも，食品という性質上，食品メーカーの多くの商品は，容器や包装の力を借りずに消費者へは届かない。すなわち，食品は容器や包装と一体化してこそ製品としての価値が生まれる。その意味では，容器や包装のイノベーションは，食品メーカーにおいても重要なイノベーションの源泉であると考えられる。新たな食品容器や包装を活用することにより消費者の利便性，特に，調理の簡便化，食の西洋化への対応，携帯の容易性や食品そのものの保存性を高めることで，日本社会に大きな影響を与えたといっても過言ではない。そ

のような画期的なイノベーションを実現し，新しい市場カテゴリーを創出した商品をカテゴリー・イノベーションの成功と捉え，抽出した。

　第2章に詳しく解説されているが，イノベーションの定義は，古くは，新製品開発に関わる技術的な価値が重視されていたが，近年では，生産プロセスや，工業製品といった目に見える成果物だけではなく，より良いサービスを提供する能力あるいはビジネスモデルも企業の競争優位の源泉であると考えられ，イノベーションの意味する範囲は広がっているとされている。しかし，本章で取り上げるイノベーションは新しい容器や包装の技術開発による成果であり，まさに「技術革新」のイノベーションであるといえる。

　カテゴリーイノベーションの具体的な抽出方法は以下の通りである。容器や包装のイノベーションにより，その後の普及プロセスを経てロングセラーとなっている商品については，すでに食品容器や包装の開発に言及している関連書籍やWeb情報（参考文献参照）などで数多く紹介されている。本章では，それらの書籍及びWeb情報から，食品容器や包装のイノベーションにより新たな市場分野を開発したと指摘されている商品を可能な限り抽出した。

　また，これらを確認し，かつ補うために20歳代から50歳代までの男女43名へのアンケート調査を行った。ここでは，市場調査やマーケティング・リサーチで使われている純粋想起と呼ばれる方法を用いた。事前に，食品容器や包装に関わるアンケートである旨を伝えた上で，すでに文献やWeb情報で抽出された商品が属する食品分野から頭に思い浮かぶブランド（製品）名を回答者に尋ねるやり方である。各食品分野から思い浮かんだ製品名をひとつあげてもらい，その数の合計が，各食品分野で第3位までに入らなかった製品は除外し，事例を整理した。その結果を示したものが図表4-1である。また，その際に使用したアンケート（質問状）は本章末頁に付属資料として付している。

　これらの手順の後，食品容器や包装のイノベーションについての漏れをなくすため，日本銀行調査統計局の国内企業物価指数（以下，物価指数調査と呼ぶ）に採用されている調整食品ならびに飲料に分類される101品目の各項目を調べ，網羅性を確保する作業を行った。

　上記のように食品容器や包装のイノベーションについて詳細に紹介している文献やWeb情報による調査を行い，さらにアンケート調査及び物価指数調査

図表4-1　食品カテゴリー別の純粋想起によるアンケート結果

	食品カテゴリー	回答件数第1位		回答件数第2位		回答件数第3位	
1	キャラメル	森永	22	グリコ	17	明治	3
2	ハム・ソーセージ	日本ハム	32	丸大ハム	5	伊藤ハム	3
3	佃煮・海苔	山本山	18	大森屋	8	桃屋	6
4	味噌	マルコメ	27	神州一味噌	5	ハナマルキ	5
5	紙パック牛乳	明治	19	雪印	14	テトラパック	3
6	マヨネーズ	キューピー	30	味の素	1	―	
7	しょうゆ	キッコーマン	30	ヤマサ	5	ヒガシマル	2
8	調味料	味の素	32	ヱスビー食品	3	ギャバン	2
9	ハンバーグ	マルシン	20	イシイ	7	さわやか	2
10	コップ酒	大関	28	黄桜	5	月桂冠	2
11	缶ビール	アサヒ	20	キリン	12	サッポロ	4
12	固形ヨーグルト	明治	21	ダノン	8	チチヤス	4
13	レトルトカレー	大塚食品	30	ハウス食品	7	グリコ	2
14	液体ヨーグルト	明治	13	ヤクルト	7	飲むヨーグルト	5
15	缶コーヒー	ボス	13	UCC	8	ジョージア	6
16	ソース	ブルドッグ	29	おたふく	6	イカリソース	4
17	削り節	ヤマキ	16	にんべん	12	花かつお	3
18	練りからし	ヱスビー食品	23	ハウス食品	15	エバラ食品	1
19	カップラーメン	日清食品	42	明星食品	1	―	
20	プリン	グリコ	32	ハウス食品	2	不二家	2
21	切り餅	サトウ	39	越後製菓	1		
22	おにぎり	セブンイレブン	22	ローソン	5	ニチレイ	3
23	ふりかけ	丸美屋	30	永谷園	7	大人のふりかけ	4
24	コーヒー用ミルク	スジャータ	20	クリープ	12	ブライト	2
25	ペットボトル入食品	キッコーマン	6	(無回答)	37	―	
26	冷凍鍋焼きうどん	加ト吉	24	キンレイ	5	讃岐うどん	5
27	スティックコーヒー	ブレンディ	14	アストリア	7	ネスレ	5
28	ペットボトル飲料	伊藤園	10	コカ・コーラ	9	ポカリスウェット	6
29	サラダ油	日清製油	35	キャノーラ	2	豊年油	2
30	パック入りご飯	サトウ	37	ヤマザキ	1	加ト吉	1
31	チューイングガム	ロッテ	36	明治	3	グリコ	2
32	納豆	おかめ納豆	14	金の粒	5	ミツカン	2

出所：アンケート結果に基づき，筆者作成。

第4章　カテゴリー・イノベーションの創出

図表4-2　食品容器・包装のイノベーションとイノベーター

	製品名	イノベーター	容器・包装の名称	発売年	ファミリー
1	森永ミルクキャラメル	森永製菓	携帯用紙サック	1914年	○森永家
2	ポールウインナー	伊藤ハム	セロハンケーシング	1934年	○伊藤家
3	江戸むらさき	桃屋	びん詰め佃煮	1950年	○小出家
4	神州一味噌	宮坂醸造	パック詰め	1952年	○宮坂家
5	名糖テトラ牛乳	協同乳業	テトラパック	1956年	×
6	キユーピーマヨネーズ	キユーピー	ポリボトル	1958年	○中島家
7	しょうゆ卓上びん	キッコーマン	卓上びん	1961年	○茂木家
8	味の素	味の素	穴付き容器	1962年	○鈴木家
9	マルシンハンバーグ	マルシンフーズ	スリット入りロウ紙	1962年	×
10	ワンカップ大関	大関	カップ酒	1964年	○長部家
11	サッポロストライク	サッポロビール	プルトップ式缶	1965年	×
12	チチヤスヨーグルト	チチヤス	プラスティック容器	1966年	○野村家
13	ボンカレー	大塚食品	レトルトパウチ	1968年	○大塚家
14	ヤクルト	ヤクルト本社	ワンウェイボトル	1968年	○松園家
15	のりたま3色パック	丸美屋食品工業	プラスティック製円筒容器	1968年	○阿部家
16	UCC缶コーヒー	UCC上島珈琲	コーティングスティール缶	1969年	○上島家
17	ブルパック	ブルドッグソース	プルトップ注ぎ口	1969年	○小島家
18	フレッシュパック	にんべん	フレッシュパック	1969年	○高津家
19	チューブ入り香辛料	ヱスビー食品	プラスティックチューブ	1970年	○山崎家
20	カップヌードル	日清食品	発泡スチロールカップ	1971年	○安藤家
21	プッチンプリン	グリコ乳業	折棒付プラスティックカップ	1972年	○江崎家
22	サトウの切り餅	サトウ食品工業	スリット入りパック	1973年	○佐藤家
23	コンビニおにぎり	セブンイレブン	おにぎりフィルム	1974年	○伊藤家
24	スジャータP	めいらくグループ	ポーションパック	1977年	○日比家
25	ペットボトル入しょうゆ	キッコーマン	ペットボトル	1977年	○茂木家
26	冷凍鍋焼きうどん	キンレイ	アルミ箔容器	1978年	×
27	アストリア	片岡物産	スティックポーションタイプ	1978年	○片岡家
28	コカ・コーラ	日本コカ・コーラ	ペットボトル	1982年	×
29	味の素サラダ油	味の素	ノーモレキャップ	1985年	○鈴木家
30	サトウのご飯	サトウ食品工業	トレーパック	1988年	○佐藤家
31	キシリトールガム	ロッテ	ファミリーボトル	2002年	○重光家
32	金のつぶあらっ便利	ミツカン	仕切りPSP容器	2008年	○中埜家

出所：筆者作成。

を用いて，可能な限り食品容器及び包装のイノベーションを列挙した。この段階では可能な限りのイノベーションが列挙されるため，重複が多いが，その重複を整理した結果，図表4-2の32の容器・包装のイノベーション事例に集約された。

容器・包装のイノベーションの名称から，最初にその分野に商品を投入した企業をイノベーターと定義し，同時に製品名及び発売年を特定した。最後に，そのイノベーターとなった企業がファミリービジネスか否かについて判断を行った。図表中ではファミリービジネスに〇印，それ以外の企業に×印を付している。ここではファミリービジネスの定義として，第1章で述べたように，「創業者及びその一族が株式の相当量を所有し，経営層に加わるなど経営に大きな影響を持つ会社」であるか否かを判断基準とした。

図表4-2が分析結果のまとめである。これら32事例のイノベーションに成功した企業の各々の統治形態について確認し，ファミリービジネスか否かの特定を行った結果，これら32事例の中で，ファミリービジネスの貢献が大きいことが分かる。商品別に見た場合の32事例のうち，27事例（84.4％）のイノベーションがファミリービジネスによって創出されている。また，同一企業別に名寄せを行うと29事例中24事例（82.8％）がファミリービジネスによるイノベーションであった。これは，東証一部上場企業総数1,349社（2004年3月31日現在）に占める（規制対象業種及びファミリービジネスが存在しない業種を除く業種のうち）ファミリー企業274社（36.9％）や，東証一部上場の食品会社68社に占めるファミリービジネス比率48.5％と比べても顕著に大きな比率である。このことから食品容器や包装のイノベーションにおいては，その構成比から判断してファミリービジネスが大きく貢献していることを明らかにしたものであり，ファミリービジネスの優位性を示す結果であると考えられる。そして，この定量分析の結果，特定された32事例の中で，そのイノベーションの斬新さや社会的影響の大きな事例を抽出し，次節以降で詳細なケース・スタディを行う。

なお，戦後日本において，食品産業において，これだけのイノベーションが創出されたことは興味深い。ただし，このような新しい市場カテゴリーを創出するイノベーションは決して簡単ではない。これはAaker（2011）が提

図表4-3 カテゴリー・イノベーションとブランド創出[18]

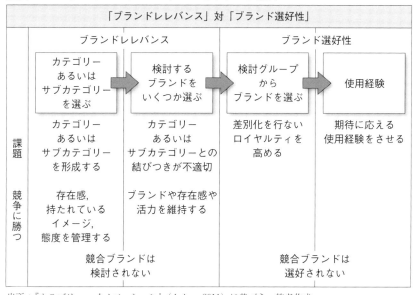

出所:『カテゴリー・イノベーション』(Aaker, 2011) に基づき, 筆者作成。

唱するカテゴリー・イノベーションであり, 従来の競争関係を覆すものであると考えられ, 第2章で紹介した破壊的イノベーションのひとつであると評価できる。

図表4-3は, カテゴリー・イノベーションとブランド創出の関係を示している。カテゴリー・イノベーションに成功した商品は, その新しいカテゴリーの先駆者となる。そのことによって, 先行者として競争優位の構築が可能となり, 顧客ロイヤルティ, 本家本元というブランドイメージ, 先行者として顧客を囲い込むなどの競争相手に対する強い武器を持つことになる。

次節以降では, このような新しい市場カテゴリーを創出し, 競争優位を確立したと考えられるファミリービジネスのイノベーションを詳細に分析し, 何

---

18) ブランド選好モデルでは, 確立されたカテゴリーあるいはサブカテゴリーにおいて他のブランドよりも好まれ選ばれるのが勝者であり, 一方, ブランドレレバンスでは, 他のブランドが比較検討されないカテゴリーあるいはサブカテゴリーを新たに作れた時に勝者となる (Aaker, 2011)

故このようなイノベーションが実現できたのかという成功要因の分析を行う。特に着目した点としては，経営者の能力であり，その中でも経営者のダイナミック・ケイパビリティに焦点を当てて分析を行った。

　分析対象は，特定した32事例の中でも，社会に大きな影響を与えた4つの事例である。具体的には，食品容器や包装のイノベーションによって新たなカテゴリーの創出に成功し，物価指数調査の調査対象商品に採用されたパック酒の先駆けとなったカップ酒（大関酒造），レトルトカレー（大塚食品），缶コーヒー（上島珈琲），そしてカップラーメン（日清食品）の事例を分析対象とした。いずれも食品容器や包装のイノベーションにより，市場へのファーストエントリーを果たし，その後，製品のロングセラー化に成功した事例である。

　ケース・スタディの基礎となった情報は著者らの独自の見解ではなく，主にすでに公開された文献，Web情報から収集した。具体的な文献としては，グレイン調査団編集（2010）『ニッポンの大発明』，NTTコムウェアの『ニッポン・ロングセラー考』などであり，いずれも日本のロングセラー商品の開発経緯を詳細に紹介している文献である。第2節以降では，まず，これらの文献，Web情報の記述から，各社の様々な状況や環境が時間的にどのように展開したかを見ていくこととする。特に，食品容器や包装の①イノベーションの発案や開発の過程，②そのイノベーションの結果，製品として発売された直後の対処すべき問題，③そして問題解決となるイノベーションの普及プロセス，という3点に焦点を当て，ケース・スタディを行う。

第2節 ● 大関酒造株式会社（現大関株式会社）のケース・スタディ

(1) イノベーションの発案と開発の過程

　同社は，1711年（正徳元年）に初代大坂屋長兵衛氏（長部文治郎の始祖）が今津村で創業し，清酒などのアルコール飲料や食品類の製造販売を行っている会社である。「ワンカップ大関」として長年親しまれている商品は，新しい市場カテゴリーを創出し，消費者の購買行動を大きく変革したイノベー

第4章　カテゴリー・イノベーションの創出

ションであると評価できる。

　1963年頃，飲食店で日本酒を飲む際には徳利を使うため，当時の社長である10代目長部文治郎氏は，その日本酒がどのメーカーか分からないことに不満を持っていた。ビールであれば，瓶のまま出されるが，日本酒は徳利に移し替えて出されるため，メーカー名や銘柄名は分からない。日本酒でもメーカーが分かる容器を作りたいと考えていた文治郎氏は，目の前に置かれたコップを見ていて次のようにパッと閃いたとされる。「そうだ。コップに大関と書けばこのまま飲めるし，メーカー名もすぐに分かる。コップのまま売り出せばええんや」（ニッポン・ロングセラー考Vol.61）

　これは，当時の常識とは異なる大胆な発想であった。当時は日本酒といえば一升瓶以外の容器がなかった。また，あまり印象の良くない立ち飲みが連想されるコップで売り出そうと考えたのである。社内でも賛否両論があったが，同社では，この難題に向かっていくことになる。

　当時は今と異なり，立ち飲み屋の客層は中年の男性ばかりであった。しかも，ガラスコップに日本酒を注いで飲むことが多く，コップ酒のイメージが良くなかった。このイメージを大きく変え，コップ酒をかっこいい・若者というイメージを促すような商品開発を目指した。

　容器は，当時，取引のあった容器製造会社がジャムの広口瓶を作る機械をアメリカから導入することになり，それを応用することが決まった。ただ，キャップの内側にゴムのパッキンがあり，そのままでは，酒にゴム臭が付いて商品にならない。そこで，新たにアルミのプルキャップを開発し，容器が完成した。

　新しい商品はネーミングが重要である。文治郎氏の次男である二郎氏が社長である文治郎氏にワンカップという名称を提案した。ワンコップということも考えられたが，当時の立ち飲みスタンドの一般名称であるワンコップスタンドと重なってしまうため，選択されなかった。1964年10月10日にワンカップ大関として，新商品が85円で発売された。

　これは，世界で初めての携帯可能な日本酒であり，いつでもどこでも日本酒が飲めるという画期的な商品となった。また，ビールと同じように飲食店で提供される際には銘柄名が分かるということも大きな利点となった。

ただし，後にも述べるように当初は市場の反応が悪く，初年度は69万本の販売本数であった。その後，徐々に販売数が増え，販売本数は年間1億本を超えた。当時，食の西洋化により，日本酒離れが進む市場環境にも関わらず，若者の需要を取り込むことに成功した商品であったと評価できる。

(2) 普及にあたっての問題点

 画期的な商品ではあったが，発売当初の市場の反応は良くなかったとされる。同社と長い付き合いのある販売店ですらネガティブな反応であった。日本酒といえば，一升瓶が当たり前の時代であり，また，前述のようにコップ酒のイメージの悪さもあって，最初から順調なスタートを切ることはできなかった。その上，瓶を横にした際に蓋の部分から酒が漏れ出してしまうという欠点も判明し，販売店からの返品が相次ぐこととなった。キャップの形状が完璧ではなかったためである。開発陣が全力で取り組み，1970年に採用したティアオフキャップが完成することによって，この問題は解消されることとなった。

(3) イノベーションの普及策

 当初は順調とはいえないワンカップ大関の売上の飛躍には，幾つもの普及策が貢献している。ひとつは鉄道弘済会との取引である。それまでも電車の中で日本酒を飲む人は多かったが，瓶から注ぐため，周りにこぼしてしまうことも珍しくなかった。コップに入ったワンカップ大関であれば，そのまま飲め，置いても安定している。しかも100円以下の値段ということもあり，従来の販売経路にはなかった鉄道の乗客向けという新たな市場を開拓したワンカップ大関の売れ行きは大きく伸びていった。

 また，1967年には，人気の高かったハイライト（タバコ）のパッケージに広告を掲示した。当時としては，このような広告手法は珍しく，ワンカップ大関の名称は広く知られるようになった。また，同年，当時は，まだ数少なかった自動販売機を導入し，初めて酒類の販売を行った。当初は，東京の小売店100軒に試験的に設置した程度であったが，やがて全国の小売店やレジャー施設などに拡大していった。

加えて，ラベルデザインに強いこだわりを持った。濃いブルーの地色に端正なアルファベットの白抜きの文字という印象的なデザインを採用した。当時は，日本酒のラベルは漢字か平仮名ばかりが採用されていた。このラベルが大関のマーケティング戦略に大きく貢献したと考えられている。ラベルの裏側に日本の風景，日本の祭り，世界の女性など6種類のテーマで写真を印刷した。これをワンカップフォトとして宣伝し，高い評価を得たのである。実際に，このアイデアは，パッケージ展で特別賞を受賞している。

その後，ワンカップ大関は多様化する消費者の嗜好に合わせて，次々とファミリー商品を発表した。例えば，スタンダードな上撰金冠ワンカップを中心にワンカップ大吟醸，特撰しぼりたて純米，ワンカップ純米酒，ワンカップコンパクト等，順次商品を追加し，約30種類のラインナップを揃えている。

第3節 ● 大塚食品工業株式会社（現大塚ホールディングス株式会社）

(1) イノベーションの発案と開発の過程

大塚食品工業株式会社は，カレースパイスを扱うシービーシー食品株式会社として1955年に設立されたが，1964年に大塚化学の傘下に入り，大塚食品工業と社名を変更した。同社の事業内容は，食品・飲料の製造，販売である。創業者は大塚武三郎氏であり，大塚ホールディングス初代会長である大塚明彦氏は創業者の孫にあたる。

シービーシー食品に資本参加した大塚化学は，会社の立て直しのため，新商品の開発を目指していた。初代会長である大塚明彦氏の発案で「一人前のカレー」というコンセプトで商品化に取り組み始めた頃，アメリカのパッケージ専門誌『モダン・パッケージ』のソーセージの真空パックに関する記事を目にした。これを契機に「この技術とカレーを組み合わせたら，お湯で温めるだけで食べられるカレーができるかもしれない。1人前入りで，しかも，誰でも失敗しないカレー」（ニッポン・ロングセラー考Vol.37）というコンセプトを持つ，レトルトカレーの開発に取り組み始めた。すでにその当時，カレーは庶民の味として親しまれ始めていたが，主婦が家庭で作り，一

家揃って食べることが一般であったため，このアイデアは極めて斬新なものだった。

また，当社が目指した製品は，世界で初めて商品化されたレトルトパウチ食品ということになる。缶詰と異なり，かさばらずに軽く，そのため携帯が容易であり，常温での保存も可能である。さらに食べる際に缶切りもいらないという実現すれば極めて画期的な商品であった。その上，食べた後の容器の処理も簡単であり，まさに缶詰や冷凍食品，インスタントラーメンと並ぶほど，消費者の食のスタイルを変える革新的なイノベーションとなり得るものであった。

ただし，発想は斬新であったが，その開発は困難を極めた。当初は半透明の二層構造の商品であった。しかし，これでは，光と酸素を通してしまい，本来の風味を失ってしまう。そのため，アルミ箔を加えた三層構造のパウチを開発することとなった。まさに容器のイノベーションが製品開発の鍵となったのである。

1968年に発売されたボンカレーは，爆発的な人気を呼んだ。多くの食品メーカーも参入することになり，レトルト食品の本格的な誕生から，わずか2年目に市場規模は100億円に達した。

(2) 普及にあたっての問題点

ボンカレーは，今までに誰も見たことがない商品である。しかも値段を80円としたが，当時は，レストランで食べるカレーの値段が100円位であったため，かなり高いという印象を持たれた。また，当時の消費者からすれば，パックに入った液体状のカレーが2年間も保存可能ということが不思議でならなかった。大塚製薬と関係があることから，防腐剤が大量に入っているのではないかと疑う声まであったという。そのため，商品の素晴らしさを理解してもらうため，同社は販売プロモーションに尽力することになる。

(3) イノベーションの普及策

上記のように誰も見たことのない，また，原理の分からない商品であるため，普及のためには積極的な販売プロモーションが重要となった。そこで，同社は

第4章　カテゴリー・イノベーションの創出

　まずは，営業マンが炊き出しを行い，販売店を相手に積極的に試食会を実施した。あるいは注目を集めるため，立ち食いのうどん屋に入り，カバンから取り出したボンカレーをうどんにかけて食べる営業マンもいたとされる。こんな突飛なやり方が必要だったのも，ボンカレーがあまりにも斬新な食べ物であり，簡単には受け入れられなかったためである。普及の前に，まずは販売店や消費者に存在を知ってもらう必要があった。当時，ボンカレーは，大塚食品にとって初めての商品，かつ唯一の商品でもあり，販売プロモーションに力を入れざるを得なかったという事情もある。

　商品パッケージにも新しいアイデアが盛り込まれた。具体的には，和服を着たお母さんが，優しく微笑みながらボンカレーをご飯にかけている絵が採用されたが，当時も今も，商品のパッケージにタレントの姿がそのまま使われることは極めて珍しいと考えられる。ボンカレーは消費者に視覚的にも大きな訴求力を発揮するため，テレビCMにも力を入れた。まずは，当時人気のあった野球アニメ『巨人の星』(1968年3月〜1971年9月)に同社が単独提供に入り，CMを流した。また，1972年から放映されたテレビCMでは，笑福亭仁鶴扮する「子連れ狼」のパロディが流れ，愛らしい子役との掛け合いで「ダイゴロー　3分間待つのだぞ」のキャッチフレーズが流行語にまでなった(岸本，青谷,2002)。

　ボンカレーの宣伝の特徴として，ホーロー看板がある。テレビ普及以前の60〜70年代に盛んだった広告手法であるが，日本各地の電信柱や板塀に，色とりどりのホーロー看板が取り付けられた。約10万枚のホーロー看板を用いて，ボンカレーの浸透を図った。

　その後，ボンカレーはロングセラー商品となる。また，ボンカレーゴールド，ボンカレーファイブ等，様々な商品展開を行っていった。

第4節 ● 上島珈琲株式会社（現UCC上島珈琲株式会社）

(1) イノベーションの発案と開発の過程

　上島珈琲株式会社は，創業者の上島忠雄氏が1933（昭和8）年に個人商店

として神戸で創業した。同社は，コーヒー，紅茶，ココアの輸入並びに加工，販売を行うとともに，缶コーヒー等の飲料の製造，販売を行っている。創業者は上島忠雄氏であり，その息子である上島達司氏が現在の会長であり，三代目社長の上島豪太氏が孫にあたる。

　缶コーヒーの誕生は，経営者が経験した出来事が発端となる。昭和40年代初め，創業者の上島忠雄氏は，電車の出発の際に飲みかけのコーヒー牛乳を売店に置いてこざるをえなかった。ここで，返却しなければならない瓶ではなく，缶ならば車内に持ち込めるのに，「もったいないことをした」という思いが発想の原点となった。ここから，「いつでも，どこでも飲めるコーヒー」という商品コンセプトが誕生した。

　また，単なるコーヒーではなく，ミルク入りコーヒーに着目した。1960年代は，一般家庭において乳飲料は高級品であり，健康にも良いというイメージが浸透していたためである。上島氏は，創業者自らプロジェクトを立ち上げ，開発に取り組むことになった。

　UCC缶コーヒーが発売された当時，コーヒーはレギュラーコーヒーを喫茶店で飲むスタイルが一般的であった。まだ家庭でコーヒーを飲むという習慣は根付いておらず，どこでも飲めるコーヒーというのは極めて斬新なアイデアであった。

　缶にすると常温での流通が可能であり，商材としても取り扱いやすいという利点があったが，容器の開発においては，コーヒーと缶の間に化学反応が起きてしまうことが大きな難題であった。従来の缶メッキ技術では，溶接部分に使うハンダや金属缶から鉄イオンが溶出し，コーヒーの成分のひとつであるタンニンと結合するという化学反応が起きてしまった。そのため，開発陣は，特殊なコーティングの開発を目指すため，製缶技術の専門家に教えを乞い，専門書を読み，試作を繰り返した。完成までには多数の試作品が作成され，工場裏に大型トラック数台分の試作の空き缶が山積みされていたという。

　この課題を解決した結果，1969年に製品が発売された。これは，日本発の世界で初めての缶コーヒーとして極めて画期的なイノベーションであると考えられる。現在，国内の缶コーヒーの市場規模は年間100億本以上もの巨大市場である。コーヒー文化は輸入されたものではあったが，缶コーヒーは日

第4章　カテゴリー・イノベーションの創出

本独自の文化であり，新たな市場カテゴリーが創出されることになったのである。

(2) 普及にあたっての問題点

　返さなければならない瓶入り商品という不便を解決するという発想からスタートしたのが，缶コーヒーである。最初の製品である「UCC缶コーヒーミルク入り」は，UCCの技術を結集して作り上げた自信作であった。社内の誰もが，「これは売れる」と固く信じていた。しかしながら，当初は，見事なまでに市場の反応は悪かった。特にコーヒー業界からは，缶コーヒーは邪道な商品であり，コーヒーとして認めるわけにはいかないと無視された。また，値段も喫茶店で飲むコーヒーとほぼ同じ70円と設定したが，この点も流通業者の賛同を得られにくかった。それであれば，直接消費者へアピールして売り込む他はないが，当時，同社は喫茶店など業務用ビジネスに注力しており，家庭用の販売チャネルがほとんどなかった。

(3) イノベーションの普及策

　この状況を打開するため，社員が一丸となって缶コーヒーの販売に積極的に取り組むことになった。まずは，とにかく目に付くところで販売し，缶コーヒーの存在を知ってもらう必要があった。そこで，営業マンは鉄道弘済会売店（キヨスク）のルートを開拓した。敢えて大声で缶コーヒーを買うだけでなく，買った缶コーヒーを車窓に並べるなどして宣伝に努めたとされる。また，販売とは直接関係のない社員たちも，食料品店などに飛び込み営業を行い，全社一丸となって販売ルートの開拓に尽力した。当時，時代背景を汲み取ったフレーズを考え，大阪支店の営業車には「文化人はコーヒーがお好き」と書いて，街中を走ったとされる。

　また，大きく知名度を上げる機会も訪れた。1970年3月，大阪府吹田市の千里丘陵で開催された日本万国博覧会である。高度経済成長に湧く日本を象徴するようなビッグイベントであり，同社は，様々なセクションから人材を集めて「万博出展準備室」を編成した。UCCが長年培ってきた喫茶店の運営ノウハウなども役立ち，日本のパビリオンと飲食店は80％，海外のパビリオ

ンのすべてがUCCを取引先に選んだとされる。3月に万博が開幕したが，夏になり，缶コーヒーは爆発的に売れ始めた。会場で缶コーヒーを飲んだ人からの再注文が殺到し，生産が追いつかないほどの売れ行きになった。

　また，UCC缶コーヒーミルク入りが全国商品となっていく過程で，1973年から実施した自動販売機の導入が大きく寄与したと考えられる。当初，UCCはコールド専用の自販機を使っていた。しかし，その後，コールドとホット兼用の自動販売機を開発した。また，テレビへの露出も売り上げに大きく貢献した。創業者は，新幹線沿線に意図的に支店や工場を建て，その屋上に巨大な看板を設置するなど斬新なアイデアを実行に移し，宣伝に関しても卓越した才能を発揮した。缶コーヒーを発売した4年後の1973年には，（企業名ではなく）商品名を前面に出した初めてのテレビCMを展開した。

　その後も同社は1994年，「BLACK無糖」というヒット商品を提案し，今ではUCC缶コーヒーの基幹商品となっている。実はブラックコーヒーという商品を業界でいち早く発売したのも同社であり，「ブラックコーヒー」の発売は1973年であった。現在8代目となる「UCC缶コーヒー」のみならず，商品ライン拡張となるサブカテゴリーの無糖コーヒーでもUCCはイノベーターであると評価できる。

第5節 ● 日清食品株式会社（現日清食品ホールディングス株式会社）

(1) イノベーションの発案と開発の過程

　日清食品は1948（昭和23）年，大阪で安藤百福氏により設立された。同社は，即席めん，チルド食品，冷凍食品等の製造・販売を行う食品メーカーである。現在，日清食品ホールディングスの社長兼CEOの安藤宏基氏は創業者安藤百福氏の子息にあたる。

　終戦直後の大阪で，ラーメン屋の屋台で20～30mにも及ぶ長い行列を作り，寒さのために震えながら順番の来るのを待っているのを創業者である安藤百福氏は目撃した。「たった1杯のラーメンのために，人はこんなに努力するのか」（ニッポン・ロングセラー考Vol57）と思うと同時に，大きな需要がある

と感じ，インスタントラーメンの開発を開始することとなった。その後，同氏は，約10年をかけて世界初のインスタントラーメンであるチキンラーメンの開発に成功した。そして，このチキンラーメンの海外展開を考え，欧米歴訪した際に，ドンブリと箸を使わない食生活と戸外を歩きながらでも気軽に食事をしている文化からヒントを得た。さらに，ドンブリ替わりにジュースを入れる紙コップにチキンラーメンを割って入れ，お湯を注いで食べた取引先のアメリカ人に会い，また，飛行機の中で乗客に配られた食事の入った容器の機能性からアイデアを得て，カップヌードルの開発が始まる。「フタを開け，お湯を注げば3分でいつでもどこでも歩きながらでも食べられるそんな新商品を開発したい」（「プロジェクトＸ　82億食の軌跡」NHKプロジェクトＸ制作班原作・監修：宙出版，2002）と，安藤百福氏は各部門から選抜したプロジェクトのメンバーに話をしたとされる。

　カップヌードルの開発のためには，容器であるカップが流通段階では「包装材」であり，消費される際には「調理器」となり，最後には「食器」にもなる三役を担うカップが必要である。まさに容器のイノベーションが商品開発の核となっている。なお，開発当初から国際的な商品を目指し，ネーミングもラーメンではなくヌードルと命名したとされる。

　容器や包装の開発にあたっては，日本で初めて発泡スチロールを使った食品容器であり，その開発は容易ではなかった。そのため，日清食品が自ら米国の容器メーカーであるダート・インダストリー社と合弁会社（日清ダート社）を設立し，技術開発を行った。容器のみならず，コアの製品であるめんの開発も困難を極めた。お湯を注ぎ，一定時間でめん全体が均等にもどるための研究や輸送の際にめんの塊が壊れないようにするための努力が必要だったためである。

　長期間の開発の結果，1971年に同社からカップヌードルが発売された。すでに市場が成熟化し，同業他社との競争が激化していた即席めん市場において，日清食品はトップ企業への復帰を果たすこととなる。また，袋めんが30円前後の時代で，即席めんは安い価格というイメージが定着していたが，カップヌードルは100円の価格設定を可能とした。カップヌードルは，それまでの「即席めんは袋に入っているもの」とか，「ラーメンはドンブリで食べるも

の」,「食事は座ってするもの」などの既存の常識を大きく変革した画期的なイノベーションであると評価できる。

(2) 普及にあたっての問題点

木島 (1999) によると，飽和状態を迎えていた即席めん（袋めん）市場では，各社から様々な袋めんタイプの新製品が発売されていたが，いずれも新製品の小売価格は35円であったという。しかも，実勢の小売価格は，25円と下げられ，また，各社が模倣的な新製品をいくら開発しても，その多くは35円の価格帯の商品であり，業界では新分野を切り拓くような新製品開発の必要性に迫られていた。このような競争環境の中で，同社は開発したカップヌードルに100円という価格設定——高付加価値商品の販売（市場の創造）——を行った。これに対して一部の有力問屋からは値段が高すぎるという反発があったが，高い値段設定で「カップヌードル」を敢えて発売した。同社としては，自信を持った製品であったにも関わらず，流通市場での評判は悪かった。そのため，問屋ルートに流しても，評価されるのに時間がかかりそうだと判断し，安藤百福氏は「食品問屋以外での販売」という新しいビジネスモデルを模索した。

(3) イノベーションの普及策

同社は，「食品問屋以外での販売」という新しい課題に挑戦し，例えば，深夜に仕事をしている消防署への直接販売やレジャー施設，百貨店などへのルート開拓を行った。しかし，これらは簡単には大きな成果につながらなかった。いろいろな模索する中で，転機となったのは，1970年8月から実施された銀座の歩行者天国での直接販売であるとされる。創業者自らが銀座三越の前で陣頭指揮を執り，積極的に販売をしたことで，若者に支持を得ることに成功した。また，当時の美濃部都知事が注力して始まった歩行者天国ということもあり，全国の自治体関係者や企業の視察も多かった。さらに，カップヌードル専用自動販売機を機械メーカーと協同で開発し，官庁や病院，学校や百貨店などに3万台ほど設置した。

以上のように同社は，従来の販路が期待できないことから，直接販売を目指し，自動販売機などの新しい流通チャネルを構築し，市場を切り拓いたと

評価できる。また，上記の歩行者天国の他にも一般消費者への数々の直接的な働きかけも積極的に行われた。大阪で開催された万博会場の試食も，そのひとつであり，真冬に起こった浅間山荘事件での自衛隊員への配給もテレビで報道されることとなり，大きな反響があったとされる。

その後，カレーヌードルやシーフードヌードルの新商品が定番として加わり，味付けや具材も広がり，多様なサイズの商品ラインナップが加わっていった。また，積極的な海外への展開も特筆すべき点であるといえる。

第6節 ● イノベーション創出の成功要因

食品の包装とは，日本工業規格（JIS）のJISZ0101（1951）によれば，物品の輸送，保管などにあたって価値及び状態を保護するために適切な材料容器などを物品に施す技術及び状態をいうと定義されている。また，太田（1999）は包装には，詰める，包む，守る，装うという4つの大きな役割を示している。しかし，本章の4つのケースにおける容器や包装は，JISの定義や太田の示唆している意味を超えており，食品の容器や包装の持つ役割を変えただけでなく，食品産業に新たな市場カテゴリーを創出したのである。そういう点からも，これらは明らかに画期的なイノベーションである。ここでは，4つのケース・スタディから，イノベーションの創出及び製品のロングセラー化に至る成功要因を確認する。

図表4-4は，これらのイノベーションの契機となるアイデアの発案者を示し

図表4-4　アイデアの発案者

製品名	アイデアの発案者	創業家一族
ワンカップ大関	長部文治郎	10代目
ボンカレー	大塚明彦	創業者の孫
UCC缶コーヒー	上島忠雄	創業者
カップヌードル	安藤百福	創業者

出所：筆者作成。

図表4-5 製品開発コンセプト

製品名	製品コンセプト
ワンカップ大関	銘柄名が一目で分かり，コップのまま飲める日本酒
ボンカレー	誰が作っても失敗しない一人前のカレー
UCC缶コーヒー	いつでもどこでも飲めるコーヒー
カップヌードル	カップが「包装材」「調理器」「食器」の三役となる手軽なスナック食品

出所：筆者作成。

たものである。どのイノベーションも研究開発部門からの発案ではなく，創業者もしくは創業家一族出身の経営者自身のアイデアからスタートしている。この点は非常に重要なことである。

　Hambrick and Mason（1984）が提唱した概念で経営上層部視座（Upper Echelons Perspective）というパラダイムがある。これは，経営層にいるメンバーの認知能力や態度，価値観などが反映することによりイノベーションの決定に異質な影響を与えるというものである。経営上層部視座は，従来の延長線上で捉えがちな研究開発部門よりも斬新なイノベーションを予見させるものである。また，アイデアの発案は，そのアイデアが生まれるための感知能力とも関係してくる。経営層の認知能力や態度，価値観は，他の人とは違った形の感知能力となり，この異質性は革新性との正の相関関係を持つとの研究結果（Bantel and Jackson, 1989）がある。このような観点からも，斬新なイノベーションにとって経営者の能力は大きな源泉であるといえる。

　図表4-5は，それぞれのイノベーションの製品開発コンセプトである。第2章でも述べたようにイノベーション創出のためには潜在需要を技術開発課題へと明確化する需要表現プロセスが有効である。この点，技術開発課題を明確化するだけでなく，消費者の利用シーンも想定した製品開発コンセプトがイノベーション創出の成功要因として極めて重要である。

　新商品が市場に定着するプロセスを榊原（1992）は，「停泊点（アンカレッジ・ポイント）」という言葉を使い概念化している。「新しい製品が世の中に登場すると，その製品がどのような製品であるかは，一般には既存の製品との比較で理解されるのが普通である。特定の既存製品がまず参照され，それ

第4章　カテゴリー・イノベーションの創出

図表4-6　容器・包装のコンセプト

製品名	食品容器・包装の開発コンセプト
ワンカップ大関	そのまま日本酒を飲むことができる容器の開発
ボンカレー	保存性があり，温めるだけでカレーができる容器の開発
UCC缶コーヒー	返却しなければならない瓶に代わるコーヒー容器の開発
カップヌードル	インスタントめんをどこでも食べることができるようにする容器の開発

出所：筆者作成。

との比較で異同を確かめ，評価がなされる」と指摘している。その上で，「もしその認知過程にメーカーが関与し，意識的に特定の既存製品を参照させるように仕向けることができるとすれば，結果として，その新製品の意味領域はメーカーの意図に沿った形で生み出される可能性が高まる。企業の側で積極的に停泊点を提供することが，その製品の市場への浸透のための強力な手段となり得る」と主張している。

今回のケース・スタディで取り上げた4つのイノベーションは，製品コンセプトを中心に据えた形で顧客とのコミュニケーション過程を通して，その新商品の知名度と機能を知らしめた。それはメーカーの意図的な既存製品との製品差別化により，消費者に選ばれるという競争戦略的なブランド選好モデルではなく，競合企業が圧倒的に不利になる分野を形成したと評価できる。結果的に，いずれの新製品も，新たなカテゴリーとして，製品コンセプトを消費者へ直接訴えていくカテゴリー・イノベーションの創出（Aaker, 2011）をもたらしたのである。

また，今回のケース・スタディで取り上げた4つの事例はどれも食品自体のイノベーションからスタートしたものではなく，アイデアの発案者である経営者が，生活の利便性を高めたいという思いを持ち，その食品の利用法を多様化するところに始まっている。そのため，食品には欠かすことのできない容器や包装のイノベーションが新商品の開発コンセプトを導くことになった。それぞれの製品において，消費者の利用シーンを頭で描き，その姿と現状の技術を近づけていくことが行われている。例えば，コーヒーを入れても化学反応を起こさない缶の開発や，めんの塊が壊れにくい発泡スチロールカッ

図表4-7 意思決定の前提となる潜在需要の想定

製品名	製品化の意思決定
ワンカップ大関	日本酒の需要者として若者をターゲットとすることで潜在需要を想定
ボンカレー	食の個食化や洋風化の流れという社会的な要請から潜在需要を想定
UCC缶コーヒー	ミルク入りコーヒーとすることで一般家庭でもコーヒー需要が広がることを想定
カップヌードル	食の個食化や新たな若者文化への浸透による潜在需要を想定

出所：筆者作成。

プの開発であり，これらの容器や包装が完成した段階で，これらのイノベーションは大方のめどが立っていたといっても過言ではい。図表4-6には，アイデアの発案者が頭に描いた消費者の利用シーンを満たす容器像ともいうべきものを整理した。

　第2章で指摘されているようにイノベーションのアイデア提示から，その実現に至るまでには長期の開発期間と大きなコストが必要であり，その過程においては様々なリスクがある。そのため，投資家の強い圧力にさらされている経営者はイノベーション投資への意思決定を躊躇する可能性が指摘されている。イノベーション創出のためには，リスクを踏まえた経営者の重要な意思決定が必要不可欠である。

　図表4-7は，意思決定の前提となった潜在需要の想定を整理した。経営者は，新たな商品の開発を決定する前に，リスク／リターンの状況を評価する必要がある。もちろん，そこには不確実な要素も多く，そのすべてを事前に読み解くことはできない。しかし，少なくとも，投入を考えている新商品が商業ベースとして成り立つかどうかという点は経営者でなくとも誰もが考えることである。その新商品の潜在需要への期待こそが商業ベースでの採算可能性を導くものである。確かに創業者もしくは創業一族の経営者は組織の中で強大な権限を持っていることが容易に想像できる。しかし，今まで市場に存在していないような斬新な新商品投入の意思決定においては，潜在需要の明確化なしには意思決定は難しい。社会や消費者ニーズの変化を察知し，その後ろにある潜在需要を汲み取った上での意思決定がイノベーションの進展にとって大きな一歩となっている。

第4章　カテゴリー・イノベーションの創出

図表4-8　開発プロジェクトのリーダー

製品名	開発プロジェクトのリーダー
ワンカップ大関	10代目長部文治郎の息子の長部二郎
ボンカレー	創業者の孫の大塚明彦
UCC缶コーヒー	創業者の上島忠雄
カップヌードル	創業者の安藤百福

出所：筆者作成。

　イノベーションの推進に関しては，各々明確なプロジェクト・チームが存在していたことも成功要因のひとつであると考えられる。そして，そのプロジェクトは，図表4-8にあるように経営者自ら（創業者もしくは創業家のメンバー）がプロジェクトリーダーを務めている。経営者自らがプロジェクトリーダーを務めるということは，そのリーダーに大きな権限が与えられていることが推察される。この点，プロジェクトのリーダーに大きな権限委譲がなされることがイノベーションの創出に重要であることは数多くの研究が指摘している。代表的研究として，藤本（1997）は1980年代のわが国自動車産業の競争優位を分析し，「重量級プロダクトマネジャー」の重要性を指摘した。藤本によると，強力な思想のあるプロジェクトリーダーの下で統合されたまとまりの良い組織が高い製品開発力を発揮しやすいと分析している。重量級プロダクトマネジャーは，開発組織の内部統合と外部統合を同時に，かつ強力に推進する。つまり，強力なプロジェクト調整役と強力なコンセプト推進役を兼ねているとしている。しかし，藤本によると，大半の企業では受身的調整役に徹し，責任範囲も狭い「軽量級プロダクトマネジャー」がいるとされており，そういう点では，本章のいずれの事例においても，重量級プロダクトマネジャーが存在していたことは注目に値すると考えられる。

　図表4-9に既存の流通の反応を整理した。本章の事例は，すべて容器や包装の技術的な面でのイノベーションに成功し，新しい商品カテゴリーを創出した点で高く評価できる。ただし，新しい市場カテゴリーであるがゆえに既存の流通業者にとっては奇異に捉えられる可能性は決して低くない。実際に，これらのイノベーションにおいては，市場へのエントリーを果たした時点で，

図表4-9 既存の流通の反応

製品名	製品化直後の取引先等の反応
ワンカップ大関	コップ酒が立ち飲み屋のイメージと重なり販売店がネガティブな反応
ボンカレー	大塚製薬との関係から大量の防腐剤使用の疑念が持たれた
UCC缶コーヒー	缶コーヒーは珈琲として邪道だとされ，従来の流通チャネルには無視された
カップヌードル	価格の面や斬新過ぎる商品性のため，問屋ルートは消極的な姿勢

出所：筆者作成。

　その商品を普及させるための対処しなければならない問題点を抱えていた。製品が画期的で，あまりにも斬新であり，従来の製品カテゴリーでは対応できないために既存の流通業者からの理解が得られにくかったと考えられる。しかも，各社とも消費者の潜在需要を確かなものと考えての商品投入であったために強気の価格設定を行った。かなりリスクの高い経営判断であるものの，商品に絶対の自信を持った卓越した経営判断であるとも評価できる。しかし，この高い値段設定も既存の流通チャネルが消極的な姿勢となる一因であった。

　大槻（2005）は，「メーカーのプロモーションにおいては，製品ブランド間競争や卸・小売業者に対するプッシュ競争が大きな比重を占める」と主張している。しかし，今回のケースにあるような斬新過ぎるイノベーションでは，既存のバリューネットワーク（商流）に依存することができず，図表4-10に示す通りイノベーションの普及策の多くは消費者へ直接働きかけ，購入を誘発するプル型のプロモーション戦略が採られた。

　新たなカテゴリーを創出するような新商品は消費者に新商品の存在を知らしめることだけでは消費者の理解を得られない。そのことに留まらず，この商品を購入して使用することの意味，意義の理解を求めること＝製品コンセプトの浸透が非常に重要なポイントであり，ここでは数々のユニークなプル型プロモーションがそれを担った。この広い意味でのプル型のプロモーションは新商品を普及するための施策であったのだが，これを通して製品コンセプトの訴求をするという企業活動が，単に新商品普及の成功に留まらず，その後のブランドの構築を進めることとなった。

　これらの製品は，市場に投入された直後は，従来からある類似の製品の既

図表4-10 イノベーションの普及策

	製品名	イノベーションの普及策	類型化	プロモーション戦略
1	ワンカップ大関	鉄道弘済会（キヨスク）での取扱により長旅客へ販売	チャネル開発	プル型
2		人気の高かったハイライトのパッケージに広告	広告	プル型
3		人的販売に代わる自動販売機の開発・設置	チャネル開発	プル型
4		カップの施された秀逸なデザインによる広告	広告	プル型
5	ボンカレー	販売店相手の試食会	イベント	プル型
6		立ち食いうどん屋での営業マンの実践PR	イベント	プル型
7		松山容子を起用した消費者への視覚的訴求	広告	プル型
8		全国10万枚のホーロー看板の設置	広告	プル型
9	UCC缶コーヒー	鉄道弘済会（キヨスク）の開拓と実演	チャネル開発	プル型
10		大阪万博でのパビリオンでの取扱による周知	イベント	プル型
11		コールド，ホット兼用の自動販売機の設置	チャネル開発	プル型
12		新幹線の乗客へ訴求するための沿線での広告	広告	プル型
13		当時では珍しい商品を前面に押し出したCM	広告	プル型
14	カップヌードル	消防署など深夜働いている職場への周知	広告	プル型
15		銀座の歩行者天国での実演販売による周知	イベント	プル型
16		厳冬のあさま山荘事件時に自衛隊員へ配布	（イベント）	プル型
17		給湯器付き自動販売機の開発と設置	チャネル開発	プル型
18		若者を狙った社会性のあるテレビCM	広告	プル型
19		大阪万博で海外からの来場者への周知	イベント	プル型

出所：筆者作成。

存概念とは大きくかけ離れており，あまりにも斬新なイノベーションであったことから，従来の流通業者からの理解を得ることが難しく，市場での製品の普及に大きな労力が必要であった。しかし，既存の流通チャネルを通さずに消費者へ直接的に訴えるプル型プロモーションを駆使することにより，やがてヒット商品となっていった。これらの製品は食品分野において新たなカ

図表4-11　ブランド拡張のためのラインナップ

製品名	ブランド拡張による製品ラインナップ
ワンカップ大関	上撰金冠ワンカップ，佳撰ワンカップ，ワンカップエキストラ
ボンカレー	ボンカレーゴールド，ボンカレーネオ，ボンカレークラシック
UCC缶コーヒー	BLACK無糖，ブルーマウンテンブレンド，ザ・クリア砂糖ゼロ缶
カップヌードル	カレーヌードル，シーフードヌードル，チリトマト，キングサイズ

出所：筆者作成。

テゴリーを創出し，競争優位を確立したのである。

図表4-10の普及策のいずれもが他社とは異なるアプローチであると評価できる。その意味では，差別化戦略のひとつであるが，新たな土俵を作ることに成功し，それまでにない大きな競争優位性になったといえる。市場での先行者として経済的な利益とともにリーダーとしての競争地位獲得により，比較的短い時間で，ブランド構築を可能とした。ブランド力は，それだけで範囲の経済性を生み，その結果，製品のシリーズ化やフルライン化を可能とし，相乗効果を高めていったのである。いわゆるブランド拡張の戦略であるが，そのために図表4-11のように様々な製品ラインナップを用意して，より強固なブランドを確立するための戦略を積極的に行っていったと評価できる。

第7節 ● 経営者の能力

本書では，経営者の能力を最も良く反映できるのはファミリービジネスであり，さらに，そのイノベーションの源泉として経営者の能力に焦点を当てている。そのため，カテゴリー・イノベーションという画期的なイノベーションを創出した企業の経営者の能力について改めて着目して分析を行う。

本章では，食品及び容器のイノベーション事例を収集し，ファミリービジネスによるイノベーションか否かを検証し，商品別に見た場合の32事例のうち，27事例（84.4％）のイノベーションがファミリービジネスによって創出されていることを示した。また，同一企業別に名寄せを行うと29事例中24事

例(82.8%)がファミリービジネスによるイノベーションであった。これは，東証一部上場企業総数1,349社（2004年3月31日現在）に占める（規制対象業種及びファミリービジネスが存在しない業種を除く業種のうち）ファミリー企業274社（36.9%）や，東証一部上場の食品会社68社に占めるファミリービジネス比率48.5%と比べても顕著に大きな比率であり，食品容器や包装のイノベーションにおいてはファミリービジネスが大きく貢献していることが分かった。

そして，これらのイノベーションの中から，容器や包装のイノベーションにより，従来にないまったく新しい発想により，日本の消費者生活を一変させるようなイノベーションを実現させた事例4つについてケース・スタディを行った。以下ではこれらのケース・スタディを元に，アイデアの発案から製品のロングセラー化実現までのイノベーション・プロセス（バリューチェーン）に沿って，イノベーションを成功に導いた経営者のケイパビリティの抽出を試みる。

(1) バリューチェーン分析

多くの製品やサービスにおけるイノベーションは，垂直的に連鎖する活動（バリューチェーン）によって作り出されている。ここでは，ケース・スタディを元に，具体的に以下のようなバリューチェーンを設定する。アイデア

図表4-12　ケース・スタディによるイノベーション活動におけるバリューチェーン

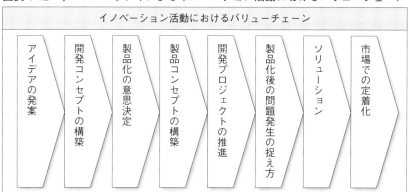

出所：筆者作成。

の発案から始まり，開発コンセプトの構築，製品化の意思決定，製品コンセプトの構築，開発プロジェクトの推進，製品化後の問題把握，ソリューション，市場での定着化の段階を経て，イノベーションが創出されると考える。

このような詳細なバリューチェーン分析を行うことにより，企業の経営資源やケイパビリティが非常に細かいミクロレベルで考察することが可能になる。図表4-12にイノベーション活動のバリューチェーンを示す。このバリューチェーンに沿ってイノベーション創出に寄与した経営者の能力を以下分析していくこととする。

(2) アイデアの発案段階

本章のいずれのケースにおいても，アイデアの発案は，ものづくりの中枢である研究開発部門から生み出されたものではなく，創業者もしくは創業家の経営者自身が一生活者の体験の中で感知した不満足を解決するところから提案されている。もちろん，一般に研究開発部門の重要性はいうまでもない。しかし，イノベーションのアイデア発案において，従来の研究開発活動の延長線上で思考するケースも多いと考えられ，その意味では，従来の延長線上にない斬新なイノベーションにおいては研究開発部門以外のアイデアが重要であるかもしれない。特に経営層からのアイデアの発案は，Hambrick and Mason（1984）が提唱した経営上層部視座（Upper Echelons Perspective）というパラダイムに合致する。このパラダイムでは，経営層にいるメンバーの認知能力や態度，価値観などが反映することによりイノベーションの決定に異質な影響を与えるとする。このような点から経営者自身の発案によるイノベーションは，従来の延長線上で捉えがちな研究開発部門よりも斬新なイノベーションを創出する可能性がある。

今回取り上げたすべてのケースの時代背景は，高度経済成長期の大きな社会の変化において，食に求められる潜在的なニーズが変わろうとしていた時期である。簡便性志向，個食化，洋風化，保存性志向，そしてアウトドア志向などの流れが起こりつつあった。これらの社会的な変化の中で，経営者自身のビジネスへの強い思いを背景とした研ぎ澄まされた感知能力があってこそ，これらのアイデアが発案されたのである。具体的には，例えば，「一人前

のカレー」や「歩きながら食べられるラーメン」という生活者の視点からのアイデアである。すなわち，この活動部分での特筆すべきケイパビリティは，「生活者目線での感知能力」であると考えられる。

(3) 開発コンセプトの構築段階

　新たな製品の開発にあたり，どのケースも創業者もしくは創業家の経営者による食品や飲料とは切り離すことのできない容器や包装のイノベーションからスタートしている。食品や飲料自体のイノベーションから始まったのではなく，まず，容器や包装のイノベーションから始まり，次いで，食品自体の開発が行われている。このことは，アイデアの提供者がすでに製品化された後に消費者の手元に届いた商品の利用方法や状況が，あたかも映画のスクリーンに映し出されるかのように細かくイメージできていたことを示している。

　すなわち製品のみならず，消費者の利用を想定し，具体的な利用のコンセプトまでを想定している。例えば，「いつでも，どこでも飲めるコーヒー」「フタを開け，お湯を注げば3分で食べられるラーメン」という利用シーンを実現するためには従来からの容器にイノベーションが不可欠であるが，ここにビジネスの大きな機会があると構想した点が高く評価できる。そのため，この部分での特筆すべきケイパビリティは，経営者によるマーケットインの視点による「ビジネス構想能力」と考えられる。

(4) 製品化の意思決定段階

　新たな商品を市場へ投入するにあたって，経営者の意思決定時にはリスク／リターンの状況を評価する必要がある。ただし，不確実な要素も多く，そのすべてを事前に読み解くことはできない。しかし，少なくとも，投入を考えている新商品が商業ベースとして成り立つかどうかという点は経営者の誰もが考えることである。その新商品の潜在需要への期待こそが商業ベースでの採算可能性を導くものである。ただし，それは必ずしも緻密なデータ分析に基づいた定量的な指標が必要ということではない。本章のケースでは，経営者が製品化の意思決定を下した背景には，当時の社会の変化や消費者のニー

ズを汲み取り，十分に勝算ありという強い思いによって突き動かされている。これは科学的な数値に裏付けされたものではなく，どちらかといえば「これは絶対に売れる」という経営者の強い思いに発するものであった。実は本章の事例のイノベーションは，「日本酒」「コーヒー」「カレー」「ラーメン」であり，商品単体で見るとすでに市場として成立していた商品である。ただし，それぞれのイノベーションにおいては，従来まったく存在していない消費者の利用シーンが想定されており，その利用シーンが実現すれば消費者の潜在需要が大きく掘り起こせることを見通している点が高く評価できる。そのため，この活動部分での特筆すべきケイパビリティは，「潜在需要の明確化能力」であると考えられる。

(5) 製品コンセプトの構築段階

　本章のいずれの事例においても，従来の既成概念を打ち破り，既存の類似製品との対立概念として経営者自身が打ち出した製品コンセプトは，非常にユニークなものであった。しかし，あまりにもユニークな製品コンセプトは，消費者にとって当初は受け入れがたいということも多々ある。知名度の向上を図ることは当然であるが，それとともに新商品の持つ意味や意義を知らしめていくことが重要となる。このことによって，従来のカテゴリーの範疇にない新たな市場カテゴリーの創出を実現させることとなり，先行者優位性の構築という持続可能な差別化の大きな源泉になりうる。しかし，このように斬新的なイノベーションにおいては，ビジネスとして成立しうるのかという点が大きな議論となる。そのため，イノベーションを起こすためには，単に製品の性能が優れているだけでなく，消費者及び既存の流通業者がその優位性を良く理解して，ビジネスが成立することを構想しなければならない。

　この段階での特筆すべきケイパビリティは，「ビジネスモデル提案能力」である。これは，一見，単純ではあるものの，類似商品が存在していない市場におけるビジネスモデルを構想する能力であり，アイデア提唱者の能力に大きく依拠する。まったく新しい市場を創出するという極めてリスクの高い意思決定を下すことが求められ，その際には製品の優位性だけではなく，具体的な販売・収益モデルを構想することが不可欠である。第2章に述べたよう

に新しいビジネスモデルを創出することは，それ自体がイノベーションになると考えられており，新しい製品コンセプトともに新しいビジネスモデルの創出を提案することが新しい市場カテゴリーを創出するだけのイノベーションの実現を可能にしたと評価できる。

(6) 開発プロジェクトの推進段階

　製品化に向けた開発プロジェクトにおいては，シンボリックな創業家の経営者自身がプロジェクトリーダーを務めた。経営者自らがプロジェクトリーダーを務めるということは，そのリーダーに大きな権限が与えられていたと考えられる。プロジェクトのリーダーに大きな権限委譲がなされることがイノベーションの創出に重要であることは数多くの研究が指摘しているが，前述のように代表的研究として，藤本（1997）は1980年代のわが国自動車産業の競争優位を分析し，「重量級プロダクトマネジャー」の重要性を指摘した。藤本によると，大半の企業では受身的調整役に徹し，責任範囲も狭い「軽量級プロダクトマネジャー」であるとされている。一方，ファミリービジネスの経営者は，プリンシパルとエージェントの両面を持ち合わせているという点から，重量級プロダクトマネジャーとしてイノベーションを推し進めることが可能であったと考えられる。ここでは，一般企業における専門経営者とは違い，大きな権限を持ったリーダーシップが存在していたことが推察される。従来の延長ではない斬新なイノベーションの創出にとって極めて重要なことである。経営者自らがリーダーになることは，藤本（1997）が1980年代のわが国自動車産業の競争優位の分析を通して導き出した「重量級プロダクトマネジャー」とまさに同義である。この活動部分での特筆すべきケイパビリティは，「重量級のマネジメント能力」である。

(7) 製品化後の問題発生段階

　新商品は，あまりにも斬新過ぎる製品であったことから，従来の製品カテゴリーでは対応できない点から，既存の流通経路では支持が得られなかった。また，各社とも消費者マーケットでの潜在需要を確かなものと考えての商品投入であったために強気の価格設定を行っており，このことも既存の流通チャ

ネルが消極的な姿勢となる一因であった。例えば,「喫茶店で飲むコーヒーとほぼ同じ値段の缶コーヒー」「従来の即席めんの新製品の小売価格が35円の中で100円のカップラーメン」などは従来の業界の常識からすれば,大きな反発を招くのも無理はなかったと考えられる。

　しかし,いずれのケースにおいても,そのような状況を致命的な障害であるとは捉えず,従来とはまったく違った流通経路の発掘や消費者へ直接訴える普及活動に道を求めるという選択を行った。このことから,この活動部分での特筆すべきケイパビリティは,「突破能力」であると考える。

(8) ソリューションの提案段階

　誰もが見たこともないような斬新過ぎる商品性や既存の類似商品と比べて強気の価格設定は,従来の流通業者の賛同を得られず,そのため既存の流通経路を使えなかった。特に,斬新過ぎる商品は,その存在を知らしめるだけでは需要の喚起はできない。存在を知らしめることだけでなく,メーカー側が,その製品の用途に込めた意図を伝えなければ普及はしない。そのため,本章のケースでは,経営者自身が新たな製品を使用する意味や意義を強いメッセージとして発することで,従来とは異なる道を切り拓く選択をした。普及策の多くは,直接的に消費者へ訴求し,購入を誘発するという広い意味でのプル型のプロモーションの選択となる。例えば,歩行者天国での実演販売や万博会場でのプロモーションによる需要の喚起,当時として極めて珍しい製品志向の広告宣伝や直販体制を敷く手段として自動販売機の開発,設置などである。それまでの常識にとらわれない大胆な発想で既成勢力にチャレンジしていった。そのひとつが,流通の要である問屋抜きでの経路の開発であり,従来のチャネルのパワーシフトを起こす一因となった。また,実はほぼ時を同じくして流通の川下段階からダイエーによる流通革命が進展し,問屋抜きでチャネルのパワーシフトが進展していったことも興味深い。この活動部分での特筆すべきケイパビリティは,「ルールブレイク能力」であると捉える。

(9) 市場での定着化

　上原（1999）は,メーカーにとって需要の多様化に適応しつつ,多品種化戦

略を展開することは極めて重要であるとする。しかしながら，流通業者のパワーが拡大するにつれ，無謀な多品種化は危険なものになりつつある。流通業者は，その情報力を駆使して，売れ筋・死に筋を的確かつ迅速に識別しつつ，品揃えに合わない製品を売り場から直ちにカットしようとしている。この時，メーカーが無謀な多品種化を行い，売場からカットされる製品が多くなればなるほど流通業者に対するパワーはますます低下していくであろう。そのためメーカーは競争優位を確立できる方向に製品戦略を集中化させつつ，その中に緻密な多品種化を展開する，といった方法を採用するようになる。競争優位を確保できる特定カテゴリーの中で，自社ブランド間の内部競合を恐れずに集中的な多品種化を展開し，これによる範囲の経済性を高めていくことが望ましいと考えられる。この範囲の経済性が高まることこそがブランドの確立と見ることもできる。ブランドの確立を伴った製品ラインナップの拡張は，市場における製品のロングセラー化につながる。この活動部分での特筆すべきケイパビリティは，「範囲の経済活用能力」である。

図表4-13 バリューチェーンと経営者のケイパビリティ

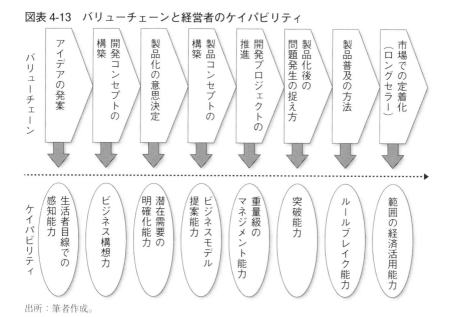

出所：筆者作成。

(10) ファミリービジネス経営者の能力

　バリューチェーン分析の結果，8つのバリューチェーンに対応した各々のケイパビリティを示したものが図表4-13である。導き出された企業のイノベーション活動におけるファミリービジネスの経営者能力は，1）生活者目線での感知能力，2）ビジネス構想能力，3）潜在需要の明確化能力，4）ビジネスモデル提案能力，5）重量級のマネジメント能力，6）突破能力，7）ルールブレイク能力，8）範囲の経済活用能力の8つであると考えられる。以下では，さらに，これら8つの能力を先行研究のレビューで取り上げた清水が示した経営者能力と対比し，ファミリービジネスの経営者能力の際立った特性を考える。清水によって示された経営者能力は，経営者が行う一般的な活動全般を想定し，特定されている。清水自身も示唆しているように，アプリオリに望ましい能力というものは少なく，企業の経営状況により適合して効果的に機能する能力を望ましいとしている。その点では，今回，本研究ではファミリービジネスという統治形態の企業に絞り，かつイノベーション活動という状況の下での能力（いわゆるダイナミック・ケイパビリティを明らかにしたもの）であり，清水の示した24の経営者能力と対比することで，一層，ファミリービジネスの経営者の能力の特性を鮮明にすることができる。

　第3章第2節のレビューの際に用いた表に本事例分析によって導き出された8つの経営者能力をプロットしたものが図表4-14である。清水の示した経営者が発揮すべき機能の点から見ると，将来構想機能や執行管理機能以上にイノベーション活動におけるファミリービジネスの経営者の能力は意思決定の機能における能力が重要である（8つの能力のうち，5つが意思決定に関わる能力）ことが分かる。また，清水は経営者能力の特性を企業家型社長の傾向と管理者型社長の傾向に分け，能力の分布を行っている。この点からイノベーション活動におけるファミリービジネス経営者の能力は，企業家型社長の傾向に多く（8つの能力のうち，明らかに5つは企業家型社長の能力）分布されている。

　繰り返しになるが，経営者能力はアプリオリに望ましいというものは少ない。企業の経営状況により適合して効果的に機能する能力が望ましい。そのような前提に留意しながらも，ファミリービジネスにおいて，特に，急速に

第4章　カテゴリー・イノベーションの創出

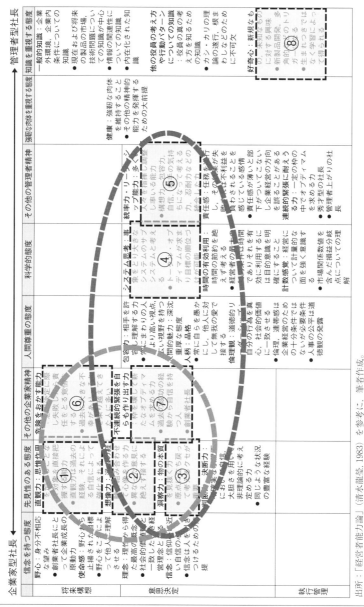

図表4-14　イノベーション活動における8つの経営者能力[19]

出所：「経営者能力論」(清水龍瑩, 1983) を参考に、筆者作成。

19)　①生活者目線の感知能力, ②ビジネス構想能力, ③潜在需要の明確化能力, ④ビジネスモデル提案能力, ⑤重量級のマネジメント能力, ⑥突破力, ⑦ルールブレイク能力, ⑧範囲の経済活用能力

変化する事業環境でイノベーション活動を成功させるためのダイナミック・ケイパビリティは，意思決定機能に重きを置き，かつ企業家型社長に見られる先見性のある態度や企業家精神的な個人特性に関わる能力が重要であると考えられる。

第8節 ● 経営者の能力の重要性

　従来の戦略論の研究においては，外部環境による影響や経営資源に着目された数多くの研究成果が認められるが，経営者の能力を評価する研究蓄積は今後の課題である。特に，近年の研究で強調されるのは，企業は特異で取引困難なケイパビリティのポートフォリオからなるという点である。そして，急速に変化する事業環境において，持続的競争優位を確立するには，複製困難な資産を所有するだけでは不十分であり，それに加えて，独特で複製困難なダイナミック・ケイパビリティも必要であるとされる。ダイナミック・ケイパビリティは，「機会と脅威の感知・具体化」，「機会の補足」，「企業の無形・有形資産の強化・結合・保護」に加え，必要な場合に行われる再配置を通じた競争力の維持，といったことに必要とされる能力に分解され，こうした一連のオーケストレーションに長けていることが重要である。このオーケストレーションは経営者の能力の重要なひとつであり，この能力に長けていることによって，イノベーションがうまく実現し，長期的に優れた財務パフォーマンスとなる。

　このような経営者の能力に着目した研究とともに，近年ファミリービジネスに関する研究が盛んになってきている。特に欧米においては従来のファミリービジネスの否定的な見方を見直し，むしろファミリービジネスの優位性に関して実証的な研究が提示されている。

　本章においても，まず，食品容器や包装のイノベーションのデータを収集し，そのイノベーターがファミリービジネスか否かについて定量的な分析を行い，ファミリービジネスの貢献が大きいことを明らかにした。その上で，食品容器や包装のイノベーションにより市場へのファーストエントリーを果

たし，製品のロングセラー化に成功したファミリービジネス4社の事例分析から，ファミリービジネスの能力について検討を行った。具体的には，イノベーションを8つのプロセスにおける活動（①アイデアの発案，②開発コンセプトの構築，③製品化の意思決定，④製品コンセプトの構築，⑤開発プロジェクトの推進，⑥製品化後の問題発生の捉え方，⑦ソリューション，⑧市場での定着化）に沿って分析を行った。

その結果，ファミリービジネスにおけるイノベーション活動では経営者の果たすべき役割が大きいこと，かつ，その経営者の能力が極めて重要であることを示した。イノベーション活動における各バリューチェーンから導き出された経営者のケイパビリティは図表4-13に示す通り，1）生活者目線での感知能力，2）ビジネス構想能力，3）潜在需要の明確化能力，4）ビジネスモデル提案能力，5）重量級のマネジメント能力，6）突破能力，7）ルールブレイク能力，そして8）範囲の経済活用能力の8つである。

さらに，導き出されたこれらの能力と，先行研究でレビューを行った清水の示した24の経営者能力と対比することで，ファミリービジネス経営者の能力の特性を提示した。イノベーション活動におけるファミリービジネスの経営者能力は，経営者が発揮すべき機能の点から見ると，将来構想機能や執行管理機能以上に意思決定の機能における能力が重要である（8つの能力のうち，5つが意思決定に関わる能力である）。加えて，清水は経営者能力の特性を企業家型社長の傾向と管理者型社長の傾向に分け，能力の分布を行っているが，この点からは，企業家型社長の傾向に多く分布されている（8つの能力のうち，5つは企業家型社長の能力）。

既存の研究において，経営者の能力に関する研究は論理的・体系的な科学の域にまで達しているとはいえず，なお不十分であるとされる。そのような中，本章では，一定の条件の下という制約はあるものの，ファミリービジネスにおけるイノベーション創出に貢献する経営者の能力を提示した。

日本の大企業は，リスクを伴うイノベーションになかなかチャレンジしなくなったとされる。そのため，筆者は，これからの時代，日本企業のイノベーションを起こす担い手として，ファミリービジネスの経営者にも大いに期待すべきと考える。

第4章 ▶ 章末問題

① カテゴリー・イノベーションには，本章で挙げている事例以外にどのようなものがあるでしょうか。具体的に考えてみてください。

② ファミリービジネスという統治形態はイノベーション活動に大きくプラスに働きます。しかし，わが国でおいてはファミリービジネスにネガティブなイメージがあるように思われます。それはどうしてでしょうか？

第4章　カテゴリー・イノベーションの創出

参考資料

> アンケート調査（2011.11.24〜25）

- 今，食品の容器や包装のイノベーションについて調べています。
- 食品のカテゴリーを聞いて，連想する企業名もしくは製品ブランド名を答えて下さい。
　　例）「自家用車といえば？」　答．トヨタ　もしくはカローラ

※食品のカテゴリーを聞いて，すぐに頭に浮かぶ名称をあげて下さい。じっくり考え込んだり，調べたりせずに，連想するものを答えて下さい。
※正解（この答が正しい）などはありません。また，思い浮かばない場合は空欄で結構です。ご協力をお願い致します。

01.「キャラメルといえば？」
02.「ハムといえば？」
03.「佃煮，海苔といえば？」
04.「味噌といえば？」
05.「紙パック牛乳といえば？」
06.「マヨネーズといえば？」
07.「しょうゆといえば？」
08.「調味料といえば？」
09.「ハンバーグといえば？」
10.「コップ酒といえば？」
11.「缶ビールといえば？」
12.「固形ヨーグルトといえば？」
13.「レトルトカレーといえば？」
14.「液体ヨーグルトといえば？」
15.「缶コーヒーといえば？」
16.「ソースといえば？」

17.「削り節といえば？」
18.「練りからしといえば？」
19.「カップラーメンといえば？」
20.「プリンといえば？」
21.「切り餅といえば？」
22.「おにぎりといえば？」
23.「ふりかけといえば？」
24.「コーヒー用のミルクといえば？」
25.「ペットボトル入り食品といえば？」
26.「冷凍うどんといえば？」
27.「スティックコーヒーといえば？」
28.「ペットボトル飲料といえば？」
29.「サラダ油といえば？」
30.「パック入りごはんといえば？」
31.「チューイングガムといえば？」
32.「納豆といえば？」

93

第5章

CSVによる競争優位

> **キーワード**
> - 地域活性化
> - 競争戦略
> - 事例分析
> - CSV
> - 収益性

　「CSV：Creating Shared Value」とは，「共有価値の創造」，「共通価値の創造」等と訳される。CSVは，事業を通じて社会的な課題を解決することから生まれる「社会価値」と「企業価値」を両立させようとする経営のフレームワークである。具体的には，企業の中の従業員のみならず，地域社会も含めて，価値を共有する経営活動であるが，これが企業独自の価値を提供し，他社との差別化による競争優位を実現する可能性があると考えられる。これ自体は素晴らしいことであるものの，投資家の圧力の強い大企業は収益を重視するため，時にはCSVと会社の収益性が矛盾すると捉えられる可能性がある。この点，ファミリー企業は，所有と経営の一致から，企業の貢献が創業家そのものの貢献と捉えることも可能であり，企業の持続的成長とCSVが整合的な経営戦略の指針になり得ると考えられる。本章では，食品メーカーのファミリービジネスによる意欲的なCSV活動と地域貢献活動及び，ファミリービジネスではないものの，現在に至るまで創業者の精神を全従業員に引き継いでいることを公言している大企業のCSVの事例を詳細に分析し，CSV企業が競争優位の源泉となり得ることを示す。

第5章　CSVによる競争優位

第1節 ● CSVの重要性

　地方活性化には地域企業のイノベーションが不可欠であり，それが地域社会の課題解決につながれば，地域と企業がともに栄えるシナリオとなる。とはいえ，企業活動にとって収益を上げることは重要な目標であることも事実であり，収益向上と地域活性化を両立させることが求められる。

　この点，Porter（2011）は，CSV（creating shared value）という概念を提唱し，企業の活動において，地域社会も含めた共有価値の創造が重要であると主張した。そして，CSVを実践する方法として以下の3つのアプローチを提唱した。それは，①「製品と市場を見直す」，②「バリューチェーンの生産性を再定義する」，③「企業が拠点を置く地域を支援する産業クラスターを作る」である。第1章では，企業の戦略について詳細な説明を行っているが，その際に登場した戦略論の大家であるPorterが地域社会を含めた共有価値の重要性を指摘した点で学術界のみならず，実務的にも大きく注目された。

　ただし，PorterはCSVが重要であるとしても，CSVが競争優位の源泉になるとまでは述べていない。この点，確かに地域と共有価値を創造したとしても，必ずしも収益に直結せず，また，他の企業との競争で優位に立つとは限らない。特に投資家から収益性向上を強く求められる上場企業などは，地域貢献に資する活動であるといっても，CSVへの投資には難しい経営判断が求められる。しかしながら，所有と経営が一致しているファミリービジネスであれば，地域社会にとって，企業そのものが創業家と一致しているとみなされ，地域社会との共有価値の創造は持続的な成長に貢献すると考えられる。また，CSVを目指すことによって，他の企業とは異なる卓越した企業活動を行うことになり，結果的に競合企業との差別化につながる戦略となり得る可能性がある。本章では，CSVに積極的に投資を行い，画期的なイノベーションを創出した事例を詳細に分析し，「CSVが企業の競争優位の源泉のひとつとなり得る」ことを示すこととする。

第2節 ● 事例企業

　本章における事例分析企業は辻製油株式会社と株式会社小松製作所（以下，コマツ）である。

　辻製油株式会社は1947年に辻清一氏により菜種油の製造を目的に創業された。現在は，2代目社長となった辻保彦氏が会長を務めるファミリービジネスである。図表5-1に同社の概要を示す。

　1961年にとうもろこし油の搾油を開始し，1968年には大豆レシチンの研究開発に着手した。その後，2代目社長になった辻保彦氏は『抽出技術』と『発酵技術』を強化し，「競争するならナンバーワン，そして技術を磨いてオンリーワンを目指す」事業を展開してきた。この考え方は，他社と異なる卓越したポジションを目指すとするPorterの差別化戦略と合致する。

　辻氏は2015年4月に長男の辻威彦氏に社長を譲り，会長に就任した。現在，同社は『資源の完全利用』『地域資源の活用』を経営方針として掲げている。

　本節の分析においては，一般に公開されている情報に加えて，詳細かつ具体的な情報を収集するため，辻製油に関しては2015年6月10日と2017年10月17日に代表取締役会長の辻保彦氏にインタビューを行った。また，2015年4月24日の中部経済同友会三重地区地域懇談会での辻氏の講演と百五経済研究所（2011）を参考にした。

　もうひとつの事例分析企業は，コマツである。コマツグループの創立は，鉱山経営を行っていた竹内明太郎氏が小松市の遊泉寺銅山の近くにて1921年鉱山機械などを製造する「小松鉄工所」を設立したことに始まる。竹内氏が，会社設立の地を東京ではなく小松市にした理由は，「その地方に受けし寄与に報いんがため」，「鉱山は掘り尽くした後におけるその地方の衰退に影響を来らしめんがため」であり，その創業精神は現在にも引き継がれているという。

　現在，コマツグループはコマツを含む182社（連結対象）で構成され，建設・鉱山機械，ユーティリティ（小型機械），林業機械，産業機械などの業務を中心に展開している。2017年3月期の連結売上高は，1兆8029億円で，その86.9％が建設機械・その他の車両から生まれている。

　同社は，日本でも有数のグローバル企業であり，創業家が経営に関与して

図表5-1　分析対象企業　辻製油株式会社の概要

企業名	辻製油株式会社
所在地	三重県松阪市
創業	1947年
代表者	代表取締役会長　　辻 保彦氏 代表取締役社長　　辻 威彦氏
資本金	3000万円
従業員	150名
売上高	160億円
業容	コーン油，脱脂コーン胚芽，なたね油，なたね油粕，ペレット飼料，大豆レシチン，セラミド，フィッシュコラーゲン，天然香料の製造，販売，研究開発
関連企業	うれし野ラボ株式会社 うれし野アグリ株式会社 松阪タンクターミナル株式会社 松阪木質バイオマス熱利用協同組合 一般社団法人奥伊勢バイオサイエンスセンター

出所：公開情報を基に，筆者作成。

いるファミリービジネスではない。しかしながら，創業者の精神である「海外への雄飛」，「品質第一」，「技術革新」，「人材の育成」は，現在も「コマツウェイ」（経営層を含むコマツグループのすべての社員が現場や職場で永続的に継承すべき価値観）として受け継いでいることを公言している（同社Webサイト参照）。このことが同社の積極的なCSV活動の根源的な理由になっていると考えられる。図表5-2に同社の概要を示す。

　分析の視点としては，前述のPorterの提唱するCSVを実践するための3つのアプローチ：①「製品と市場を見直す」，②「バリューチェーンの生産性を再定義する」，③「企業が拠点を置く地域を支援する産業クラスターを作る」に沿って，事例分析を行う。

図表5-2　コマツの概要

企業名	コマツ（登記社名：株式会社 小松製作所）
所在地	東京都港区
創業	1921年5月
代表者	取締役会長　　　　　　　　　野路 國男氏 代表取締役社長（兼）CEO　大橋 徹二氏
資本金	［連結］678億70百万円（米国会計基準による） ［単独］701億20百万円
従業員	［連結］47,204名 ［単独］10,371名
売上高	［連結］1兆8,029億円
業容	建設・鉱山機械，ユーティリティ（小型機械），林業機械，産業機械
関連企業	182社（連結対象）

出所：公開情報を基に，筆者作成。

第3節 ● 辻製油株式会社の事例分析

　辻製油は1947年に国産菜種を原料に搾油を始め，その後とうもろこし胚芽の搾油も手がけるなど，食用油の製造を中心に事業を展開し，国内第4位の食用油メーカーに成長した。食用油に加えて，乳化剤として利用される機能性大豆レシチン，美容素材のコーンセラミドやフィッシュコラーゲンペプチド，天然香料として食品に使用される「ゆずオイル」を製造している。特に，とうもろこし胚芽油の生産量は国内第1位であり，機能性大豆レシチンは国内でオンリーワン，天然ゆずオイルは世界でオンリーワンのメーカーである。同社は，2012年に創立65周年を迎えたことを期に「第二創業」を掲げ，「地域貢献型企業」としての取り組みを強化した。以下，同社のCSV活動をPorterの3つのアプローチ：(1)「製品と市場を見直す」，(2)「バリューチェーンの生産性を再定義する」，(3)「企業が拠点を置く地域を支援する産業クラスターを作る」，により分析する。

第5章　CSVによる競争優位

(1) 製品と市場を見直す

　辻製油は，食用油製造の過程で生じる搾油残渣の有効利用に取り組み，コーン油の製造工程で発生する副産物から高純度セラミドを精製している。この技術を応用して「ゆずの果皮」から「ゆずオイル」を抽出することを可能にした同社は，2007年高知県のJA土佐あきに，「ゆずオイル」の抽出・精製を提案し，2011年「ゆずオイル」の抽出・精製工場を安芸市に竣工した。

　安芸地域では，古くから温暖な気候を利用して，「ゆず」が主要農産物として栽培されており，「ゆず」を活用して様々な事業が各所に整備された。特に，「ゆず果汁」を大企業に供給する土佐あき農協地区や「ゆず」による観光事業が営まれている馬路村農協地区は地域振興の成功事例と評されていた。2014年度の農林水産省の特産果樹生産出荷調査によれば，高知県における「ゆず」の生産量は，年間9,347t（2014年時点）であり，辻製油の試算によれば，安芸市のゆずの年間生産量は高知県の生産量の約半分程度に上っていた。それに近隣の徳島県，愛媛県を合わせると「ゆず」の生産量は全国の78％を占めるほどで，当地域は「ゆずオイル」の原料確保の最適地である。

　収穫した「ゆず」は生果用と加工用に選別されるが，生果としての利用は少ない。1tの「ゆず」から搾汁されるのは約200kgで，「ゆずジュース」や「ポン酢」の原料になる。「ゆずの果皮」を含む残りの800kgは搾汁残渣（ざんさ）として廃棄処分されていた。その果皮が，同社の抽出技術により，年間10tの「ゆずオイル」という高付加価値製品に生まれ変わり，同社の競争力強化にも貢献した。

　「ゆずオイル」はリモネンを主成分とし，ゆず特有の香りを有する天然香料として食品加工用への需要が多い。辻製油の「ゆずオイル」の特徴は，低温抽出のため熱による香気の損失が少ない他，JA土佐あきの協力により原材料の果皮を安定して確保できること，搾油や抽出の際に発生する副産物を飼料や肥料として活用していることなどの利点がある。

(2) バリューチェーンの生産性を再定義する

　それまで，同社のエネルギーは全量を石油に依存していた。しかし，地元には間伐材や管理の行き届いていない竹林が豊富にあるため，それらを熱源

に木質バイオマスボイラーへの転換を企画し，2009年「松阪木質バイオマス熱利用協同組合」としてバイオマスボイラー施設を竣工した。この取り組みにより，石油換算で年間9,000KLを削減し，さらにCO_2の発生を23,000t抑えることができた。それでも，まだエネルギーの余剰があったため，津市の食品工場の一部を同社の工場敷地内に招へいし，エネルギーの供給を始めた。

　加えて，工場隣地に22,000㎡の植物工場を建設し，工場排熱とバイオマスの余剰蒸気を利用して年間500tの房どりミニトマトとフルーツトマトの周年栽培を開始した。これらの事業は，辻製油，浅井農園，三井物産，イノチオホールディングスの合弁事業である「うれし野アグリ株式会社」により運営されている。バイオマス蒸気と工場排熱による植物工場は日本初である。植物工場にはオランダから輸入した高屋根式のガラスハウスを導入した。高屋根式の利点は，環境温度をハウス内のどの高さにおいても均一に保てることができ品質の安定化が図れること，作業者が移動式のゴンドラから前かがみの姿勢をとることなく収穫できることである。また，生産コストは排熱を利用することで大幅に削減でき，加えて，オランダの最新鋭技術と三重大学や三重県農業試験所の協力をえて高効率な栽培方法を導入することで，1反当たり1,500万円以上という国内最高水準の反収（1反≒10アール当たりの収穫高）を実現している。

　ミニトマトは，「房どりトマト・うれし野」ブランドで，10粒程度を300円前後で販売している。本事業は，三重県，松阪市，三重大学との協力を得た産学官連携案件であると同時に，経済産業省の「農業成長産業化実証事業」の給付対象事業にも採択されている。この事業の意義は石油の使用量をほぼゼロにするとともに，新事業の創出により新たな雇用を生んだこと，地元林業の活性化に貢献したことである。

(3) 企業が拠点を置く地域を支援する産業クラスターを作る

　三重県は地理的に南北に長い。北部～中部は名古屋市に近く第二次産業が中心であるが，南部は観光や第一次産業が主要産業である。このため，北部と南部には大きな所得格差が生じている。三重県の「人口ビジョン」には次のように記載されている。(a) 三重県の人口は全国よりも1年早い2007年に

ピークを迎えている．(b) 北中部地域は，全国と同様，2008年にピークを迎え，その後減少に転じているが，南部地域では1955年にピークを迎え，その後減少が続いている．(c) 人口研究所の推計によると，2040年には三重県は1965年レベル，全国も1975年レベルの人口に戻ることになる。南部の人口減少は際立っており，深刻な社会的課題が山積している。

西村（2011）と辻製油によれば，三重大学は，辻製油との連携と土佐あき農協の指導を得て，三重県の南部地域に農家とともに10,000本のゆずの木を植えている。まず，辻製油が2008年度に土佐あき産の「ゆず苗」を300本購入し，三重県松阪市に植え付けた。10,000本の「ゆず」の植樹に必要な面積は約17ヘクタールほどで，これは2008年から2009年の間に三重県内で減少した耕地面積300㌶の約5％に相当する。本事業による想定反収は380,000円程度と試算されている。2011年度の農林水産省の特産果樹生産出荷実績調査によれば，三重県のゆずの出荷量は7.2tで全国第31位である。10,000本のゆずの植樹によって期待される収穫量は340tであり，それが実現できれば全国7位の規模となる。「ゆず」の植え付け本数は2017年10月現在，6,000本程になった。

南部の御浜町では，柑橘類が1年を通じて栽培されており，生産量は15,000tに及ぶ。しかし，それらの商品の競争力は必ずしも高いとはいえず，人口減少と相まって地域経済は疲弊してきている。そこに敷地面積4,336坪，総床面積6,500坪のパーク七里御浜という道の駅があるが，施設の経営は一時大変厳しい状況にあった。辻製油は，三重大学と三重県の要請を受け，2013年にこの道の駅を柑橘類の工場や店舗，レストランからなる商業施設へリニューアルさせ，地域資源の6次産業化を目指している。筆者が2017年9月にこの施設を訪ねた時には，賑わいが戻っていると感じられた。

第4節 ● コマツの事例分析

コマツは，2010年の「環境社会報告書」で，「事業活動そのものをCSR活動と位置付ける」というメッセージを打ち出した。2011年には，優先課題の

選定と特定を行ったうえで，3つのCSR重点分野を，(1) 生活を豊かにする，(2) 人を育てる，(3) 社会とともに発展する，と定めた。同社の「環境社会報告書」には，「コマツが強みを活かせる活動として導き出した3つのCSR重点分野は，創業者である竹内明太郎氏が抱き，その後も受け継いできた『技術』，『人材育成』，『地域社会との共生』と重なります」と記されている。コマツのいうCSRとは，従来のCSRの枠組みを超えたCSVの概念であると評価できる。

以下では，同社の取り組みを，Porter (2011) のCSVを実践するための3つのアプローチ：(1)「製品と市場を見直す」，(2)「バリューチェーンの生産性を再定義する」，(3)「企業が拠点を置く地域を支援する産業クラスターを作る」に沿って分析する。

(1) 製品と市場を見直す

コマツが主力製品としている建設機械と鉱山機械は生産財である。生産設備では稼働状況が顧客の収益を大きく左右することになる。同社は，顧客での稼働率を向上させるサービスを提供することで，建機のバリューチェーン全体を支援する『ダントツサービス』という経営戦略を持つが，その中核のひとつにあるのが「コムトラックス（KOMTRAX）」というシステムである。

コマツのコムトラックスは，自社の建機にGPS（全地球測位システム）や多数のセンサー，通信モデムを標準装備し，顧客の稼働データを収集する仕組みである。センサーからは，エンジンの燃費や温度，圧力，ポンプの圧力や温度など，様々なデータがコマツに送られる。これとGPSのデータを組み合わせれば，どこでどのような稼働状況にあるかを詳細に把握できることになる。このサービスは2001年に日本で標準装備を開始し，2006年からグローバル展開を進めている。現在，コムトラックスを搭載した建機約390,000台が世界中で稼働している（黒本，2015）。

坂根氏は，「1990年代の終わりごろの日本では，建設機械の盗難が意外と多く，大胆にも盗んだ建設機械を使ってATM（現金自動預け払い機）をまるごと奪っていく事件が起きた。その対策にもなるというのが，コムトラックスを開発した動機だった。」と述べている（坂根，2011）。同社は，データ

を分析して故障の予兆を把握し，事前に保守サービスを提供することで，故障による稼働率の低下を防ぐほか，燃費をモニタリングして，効率が悪い状況があれば，省エネのための操作方法や条件設定を提案する。これらの製品の開発は顧客に利益をもたらすだけでなく，CO_2の削減という社会価値を生むと同時に，コマツにも利益をもたらしている。海外には，支払いが滞る顧客も少なくないが，そうした状況になれば，遠隔操作により対象の建機の始動をコントロールすることが可能になっている。

　コマツは，ユーザーの工事現場で深刻さが増す人手不足という課題についても製品開発により解決している。鉱山はどこもダンプトラックのドライバー不足で困っている。ダンプトラックは4,000メートルの高地を片道30分かけて1,000メートル下り，また1時間かけて掘削作業で排出された土を運んで上っているという。オーストラリア北西部に位置するピルバラ地区にある鉱山では，気温が摂氏50度にも達し，人間が作業するには劣悪な環境である。その苛酷な場所で，300tの鉄鉱石を運搬しているのはタイヤの直径が3.8メートルもあるコマツの超大型無人ダンプトラックである。

　自動運転では，AIを用いた自動運転ソフト，周辺認識や自車位置測定のためのセンサーと画像処理ソフト，周辺の状況把握のための高精細地図など，様々な技術を組み合わせなければならないが，コマツはその技術開発をどのように行ったのだろうか。この点，野路氏は，「コマツはすべて海外から調達し，自前で組み上げた。」と述べている（野路, 2017）。ただし，当時は，自動運転に関する情報は乏しかったと考えられる。そのため，同社は，「ネットで世界中の研究論文を検索するなどして，ゼロから調べた。そうする中でDARPA（米国防総省の国防高等研究計画局）が無人戦車や無人飛行機を研究していたことや，その研究者がスピンアウトしてベンチャーを作っていたことを知った。そうしたベンチャー企業や海外の大学，研究機関に相談し，技術を供与してもらって無人運転システムを作った。」という。さらに，「豪州の場合，現場は高温・多塵の砂漠地帯だ。また，従業員は家族をパースに残し1週間単位で単身赴任する人が大半だ。」とも述べている。

　2015年2月にはブルドーザー搭載用に「スマート・コンストラクション」というシステムを開発し，自動工事の実現を果たした。このシステムは，ユー

ザーの施工現場を上空からドローン（小型無人機）により測量した3次元データとユーザーの3次元の施工完成図面データを比較しながら，施工内容を導き出し，粗掘削の状態から熟練オペレーターでも難しいとされる整地をセンチメートル単位の精度にて自動で行うシステムである（コマツニュースリリース，2015年）。

　さらに，コマツは自動運転時代を見据えて，2017年7月，NTTドコモ，SAPジャパンなどのITベンダーと手を組み，建設現場を可視化するIoT（モノのインターネット）オープンプラットフォームの構築に取り組んでいる。その目的について，野路氏は，「これまでも建機のお客さん向けのプラットフォームが必要だと認識していろいろやってきた。しかし，自分たちだけでやっていたのでは上手くいかない。」と述べている（野路，2017）。また，「顧客の生産性や安全性を高めるアプリは，アプリ提供者が互いに競い合って高い価値を顧客に提供すればよいが，プラットフォームはオープンでなければダメだ。そこでIT（情報技術）企業と手を組んだ。」と提携の目的を説明している。さらに，「プラットフォームを作るには現場作業のすべてを知り，現場全体の可視化を実現しなくてはならない。建機の知識だけではダメだ。だから測量にも取り組んだ。ドローンを使って測量する手法を使うが，その測量技術は米シリコンバレーの企業と共同開発した。」と述べ，他社との連携やオープン・イノベーションの重要性を強調している。

(2) バリューチェーンの生産性を再定義する

　コマツは，2002年本社機能の一部である購買本部を東京から小松市に移転した。また，2007年には金沢港に工場を建設し，石川から輸出を可能にした。その後，2011年には教育グループを小松市へ移転し，小松工場跡地にグローバル研修センターほか，地域との交流を目的にした施設を併設した「こまつの杜」を竣工した。それにより，計150人が石川県に異動になった。「こまつの杜」には，グループ社員のグローバルな人材育成を担う「コマツウェイ総合研修センター」，旧本社社屋を復元した「わくわくコマツ館」，加賀地方の里山を再現した「げんき里山」があり，チリの銅鉱山で実際に稼働していた世界最大級のダンプトラックも展示されている。この施設の特徴のひと

つは，敢えて宿泊施設やレストランを併設していないことである。できうる限り，コマツへの訪問により生じる消費を地元経済に還元することを意図している。2014年の試算では，会議や研修など世界中から年間30,000人が小松市を訪れ，地元のホテルや飲食業への経済波及効果は7億円に上った（坂根，2017）。筆者が2014年にコマツを訪問した時，地元の飲食店で地元企業がコマツにどのようなイメージを持っているかをたずねた。その回答は，「コマツは地元に還元できるものは還元するとの方針が徹底している。そのおかげで地元経済が活性化され，地元は大変感謝している。」であった。

2014年コマツは，国内の主力工場のひとつである粟津工場敷地内に新組立工場を竣工した。その際，2棟の旧組立工場をひとつに集約することで床面積を削減した。また，配線や配管を地下のピット内に設置する構造を採用して床上をフラットにし，柱の間隔を最大32mにする構造により生産スペースを充実させた。加えて，検査工程を含む生産工程をICTの導入により自動化することと，最新の省エネ技術を採用することにより面積当たりの生産性の大幅な向上と電力使用量の半減を図った。同社の「環境報告書ダイジェスト2016」によれば，2015年度において，生産金額当たりのCO_2排出量指数は2000年度比42.7％削減された。また，粟津工場の新組立工場の電力消費は，2015年度にバイオマス発電が本格稼働したことにより，90％以上の削減を実現した。

コマツでは，エンジン，トランスミッションなどの使用済み部品を新品同等の品質に蘇らせ，再度市場に供給するリマン事業を世界の12拠点で展開している。リマン事業では，ICタグや2次元バーコードを活用してリマン品の再生履歴管理を行っている。さらに，使用済み部品の再利用率を高めるために，リマン専用部品及びオーバーサイズ部品等の開発や再生技術の再使用判定，摩耗部再生，洗浄，熱処理等に取り組んでいる（同社「環境報告書ダイジェスト2016」）。

(3) 企業が拠点を置く地域を支援する産業クラスターを作る

コマツは，石川県と建機技術を用いた農地改良と水稲コストの低減活動にも取り組んでいる。コマツが持つブルドーザーの自動施工技術を活用し，米

の生育を安定化させ，収量や品質が向上する田面の高精度な均平化を目指している。野路氏は，「米の売り上げは，1ヘクタール約100万円と高くない。当社は農機具メーカーではないが，ものづくりに関しては製造業も農業も同じである。そこで，県に協力する形で米の生産コスト半減プロジェクトを開始した。」と述べている（野路，2017）。耕起，均平，代掻き，直播きなどの作業を1台で可能にする多機能ICTブルドーザーの開発を通じて，少ない設備で育苗や田植えを機械化し，生産効率の向上と生産コストの低減を目指している。

さらに，同社は，2014年に石川県，石川県森林組合連合会と「林業に関する包括連携協定」を結び，地域の森林の放置間伐材を木質チップにし，これを粟津工場のバイオマス蒸気ボイラシステムの燃料として利用している。発電に温水熱を利用することで熱利用効率の高いシステムを構築し，電力・ガス・重油という工場エネルギーとCO_2の削減を図っている。この点についても，野路氏は，「湿気の多い北陸の冬には，チップは空気中の水分を吸収し，燃焼が悪くなる。」と述べている（野路，2017）。また，チップ製造機械は外国製で高額かつアフターサービスも良くなかったため，コマツの65歳のベテラン生産技術者が当地の間伐村に向いたチップ製造機械の開発を支援し，地元の中小企業が開発した。2016年度はそれを日本各地のバイオマス発電会社などに販売し，地域産業の活性化にも寄与したとその開発の経緯について明らかにしている。

連携は野菜づくりにも及ぶ。小松市は大麦，トマト，ニンジンの産地である。コマツは，小松市，JA小松市と連携し，大麦やトマトなどをピューレにし，トマトカレーやシチューなどのレトルト食品に加工し，6次産業化を目指している。また，ICTによりトマトのハウス内の温度，湿度，日照量，CO_2濃度などの環境データを数値で管理し，コマツの地下水による冷房技術を活用して夏場の冷却を行い通年栽培に取り組んでいる。

第5節 ● CSVによる成果

　以上のようにCSV実践企業の事例を紹介したが，それが競争優位をもたらしたといえるだろうか。この点，コマツの競争優位，特にコムトラックス（KOMTRAX）については優れたイノベーションとして多数の文献が高く評価している。そのため，ここではCSVを実践した成果とともに競争優位の戦略となり得たのかについて辻製油の成果について具体的に考察を行う。

　辻製油はその活動が評価され数々の賞を受けている。2012年には経済産業省・特許庁が主催した「平成24年度産業財産権制度活用優良企業等表彰」の「経済産業大臣表彰（特許活用優良企業）」を，2014年度には日本有限責任監査法人が主催したアントレプレナー・オブ・ザ・イヤー・ジャパンを受賞し，2014年度には経済産業省の「がんばる中小企業・小規模事業者300社」に選定された。また，2017年，辻氏は叙勲を受けた。

　同社は上述のように16.8万人の地方都市において，社会資本も最大限に活用しながら，存在感のある事業活動を展開してきた。加えて，地域貢献型企業としてCSVを経営の優先順位に位置づけ，経営者の強いリーダーシップのもとで事業を拡充させてきたことにより，2016年度150名の従業員により約160億円を売り上げ，市場で高い競争優位を確立していると考えられる。

　辻氏は，前述の事業の開始を決断するに当たり，社内には賛成する者は誰もいなかったと述べている。また，事業を動かすのは人材であることから，どのように社員のモチベーションを上げているのかという筆者の質問に対して，辻氏は，「事業の透明性を維持すること，そしてトップが夢を語り，事業の成果を伝えることが重要である。」と述べている。辻氏は毎月1回，全社員に前月の経営数値と次の事業への夢を30分かけて語るという。

　Pink（2011）は，モチベーションのステージを示している。「モチベーション1.0」の初歩的な段階では，生きるためにがんばるという生理的な動機づけがある。「モチベーション2.0」では，賞罰や昇進のためにがんばるという外発的な動機づけになり，「モチベーション3.0」では自己の成長や達成感，他人への貢献のためにがんばる内発的な動機づけが行われる。この「モチベーション3.0」が辻氏の目指すところだろう。

また，辻製油の活動とその波及効果から，企業が拠点を置く地域のサイズも重要であることが示唆される。大都市においては，多数の企業が乱立し，ひとつの企業が存在感を示すのは困難である。しかし，三重県松阪市のような地方都市においては，一企業の経営者の存在は認知されやすい。特に老舗企業の経営者の存在は大きい。前川ら（2011）は，「世の中の変化をいち早く捉え，その変化を機会，チャンスとみて新しい顧客の満足，価値は何かを考えて行動する企業が，老舗として永続していく。」，「イノベーションを起こすには，もっと社会全体，川上から川下までを鳥瞰し，変化の予兆を見ることが大切である。」と述べており，辻製油の強みも，この点にあると考える。

　以上のように，辻製油の事例を通じてCSVが競争優位を獲得するために有効な戦略であり，地域活性化につながることが示唆された。また，今回の分析結果から，CSVが競争戦略になり得るには，(1) 社会的価値を経営の高い優先順位に位置づけること，(2) 経営者の強いリーダーシップ，(3) オープン・イノベーションあるいは連携の推進，(4) 地域との密着した関係と拠点を置く地域のサイズ，(5) システム思考の5点が重要な要素になると考えられる。これらの要素については，次節で詳しく説明する。

　野村総合研究所（2014）は，CSV活動を推進している先進企業からヒアリングを行い，実施主体が抱いている課題を整理している。その課題の最初にあがっているのは，「活動の意義・方針に対して社内・経営層からの理解を得ることができない」ことである。そして，「企業にとっての価値と社会貢献が両立するという考えが社内や経営層に十分に浸透していない状況では，一般の企業活動にはないCSV活動の意義や中長期的なリターンを説明しても理解が得られないケースが多い。」としている。すなわち，この調査からも，上述の (1) 社会的価値を経営の高い優先順位に位置づけること，(2) 経営者の強いリーダーシップがCSVの実践に必要であることが示唆されている。

第6節 ● 競争優位の戦略

　Porter（2011）は，企業本来の目的は，単なる利益ではなく，共通価値の創

造であると再定義すべきであり，これにより，グローバル経済に新たなイノベーションと生産性の向上がもたらされるとする。また，すでにGE，グーグル，IBM，インテル，ジョンソン・エンド・ジョンソン，ネスレ，ユニリーバ，ウォールマート・ストアーズなど，事業を厳格に実践していることで知られる企業の多くが，社会と企業業績が関係し合う部分をあらためて認識し，共通価値を創造する取り組みに着手していると，述べている。

前述のように，CSVの推進においては，経営者のリーダーシップが重要である。この点，コマツは売上が約2兆円に達するような東証一部上場の大企業であり，また，創業家が経営に関与しておらず，ファミリービジネスではないことはすでに述べた。そのため，創業家の強いリーダーシップは期待できないはずである。しかしながら，創業者の竹内明太郎氏の理念である『技術』，『人材育成』，『地域社会との共生』を重視するという経営姿勢は経営者が変わったとしても長年にわたって継承されている。そして常に理念が社内に浸透されているようなリーダーシップが発揮されている。その点でも卓越した先進事例であると考えられる。

前節では，CSVが競争戦略になり得るには，次の5点：(1) 社会的価値を経営の高い優先順位に位置づけること，(2) 経営者の強いリーダーシップ，(3) オープン・イノベーションあるいは連携の推進，(4) 地域との密着した関係と拠点を置く地域のサイズ，(5) システム思考，が重要であると述べたが，以下では，この点をもう少し詳しく考察したい。

(1) 社会的価値を経営の高い優先順位に位置づける

営利目的で存在している企業にとって，社会的価値と経済的価値を両立するということは容易ではないため，相反する2つの価値のバランスをどのようにとるかは，社内でも議論になる。その際，社会的価値の位置づけが明確になっていなければ，CSVの効用を説いてみたところで，イノベーションにつながることはない。この点，ネスレの会長であるBrabeck (2014) は，インタビューで，「CSVは事業戦略の基本原則なのです。慈善事業ではありませんし，コストでもありません。株主と社会で共有できる付加価値を作り出すために，イノベーションと技術的能力を知的に活かすものなのです。」と述

べている。また，Schwarz（2016）は，Brabeckの言葉として，「CSVの考え方を企業に埋め込むことができてはじめて，日々の業務で活かし続けることができます。」と紹介している。

　共通価値を創出するには，社会的使命を企業文化に取り込み，社会問題の解決に資するイノベーションの開発に資源を振り向ける必要がある（Pfitzerら，2014）。CSVを高い経営の優先順位に位置づけ，それを企業全体で共有できるまで浸透させてはじめて，CSVによりイノベーションが創出される土壌が社内に生まれるということになると考えられる。

(2) 経営者の強いリーダーシップ

　前述のように，辻氏は，社会的価値を持つ事業の開始を決断するに当たり，社内には賛成する者は誰もいなかったと，述べている。社会的価値と企業の経済的価値という，一見すれば相反する2つを経営のフレームワークとすることは経営者にしか選択できないことである。Brabeck（2014）は，「CSVが達成可能であること，次に事業との対立がないこと，これを組織に説明しなければいけません。とりわけ事業との対立については，株主への価値（株主利益）と社会への価値は相反するものだとみんなが思い込んでいます。」と述べている。

　では，CSVの目的を伝えることで，社員にどのような変化をもたらす可能性があるのだろうか。この点については，企業が社会問題をもっと十分に理解すれば，その会社の社会的目的に対する社員のコミットメントも高まると考えられる（Pfitzerら，2014）。事業の社会性を認識することで，社員のモチベーション並びにコミットメントが高まる可能性は高い。逆にいえば，CSVの目的を徹底的に社内に浸透させる経営者の強いリーダーシップが重要と考えられる。

(3) オープン・イノベーション

　日本においても，政府がオープン・イノベーションの重要性を説いているが，十分な成果が出ているとはいいがたい。では，何故，オープン・イノベーションは進まないのだろうか。また，どのようにすればオープン・イノベー

ションは進むのだろうか。

　Pfitzerら（2014）は,「確固たる社会的目的は共創にとって重要で, 信頼関係の基礎となる。地域ごとの固有ニーズを理解すれば, 何をどの程度改善できるか, その変化がビジネスにどんな価値をもたらすかを明確にしやすい。」と述べている。そして, 社会性とは自社の戦略と行動のベクトルを近未来市場の競争要因に合わせ, 絶えず, 社会や自然環境との好循環を目指すことである（Pedersen, 2015）。

　前述したように, 老舗企業では,「暖簾を守る」「一子相伝」や「秘伝」といった考え方が伝統的に強い傾向があり, オープン・イノベーションとは相性が合わない側面がある。この点, 1988年から「共創」を提唱していた, 佐々木（2005）は,「独創的な人間が何人も集まって意見を交換すれば, そこで発揮される創造性は何倍にも膨らんでいく」と指摘している。つまり, オープン・イノベーションが大切だということである。さらに, 佐々木は「従来のチームワークを重んじる『和』の精神と, 私のいう『共創』は似て非なるものだ」,「価値を異にする個性的な人間同士がインタラクティブな対話を交わした時に初めて集団としての創造性が高まる」と述べている。地域との共有価値を重んじるCSV戦略を実現するためには, 独創的な人間が集まったオープン・イノベーションが重要と考えられる。

　なお, オープン・イノベーションを推進するには, 行政の力も大きい。辻製油もコマツも, 地域の課題解決に取り組むきっかけは県や大学からの要請である。特に, 地域の大学の役割は大きいのではないか。文部科学省は2016年度より全国86の国立大学に対して「世界最高水準の教育研究」「特定の分野で世界的な教育研究」「地域活性化の中核」の3分類から自らの分類を選択するよう通達し, 55の大学が「地域活性化の中核」を選んだ。このような学術的な「知」と実務的な「知」が結合することによってイノベーションが生まれる可能性は高い。

　コマツでは会長の仕事のほぼすべては社外の活動, つまり, 社会的な目的に向けられている（野路氏の講演, 2017）。辻氏も三重大学や三重県をはじめとする地域の活動の多くに参画し, 地元とのパイプが太い。また, 2社が拠点を置く地域のサイズは10万人都市で, 影響力のある「老舗企業」の経営者

の存在感はより大きいものになる。こうした人のネットワークはオープン・イノベーションのベースになる。

(4) 地域との密接な関係と拠点を置く地域のサイズ

2つの事例からは企業の理念が地域に波及しやすい地域のサイズが示唆される。辻製油が拠点を置く松阪市の人口は2017年4月現在16.6万人であり，コマツの創業の地である小松市の人口は2017年4月現在で10.8万人である。東京をはじめとする大都市においては，多数の企業が乱立し，一企業が存在感を示すのは困難であるが，松阪市や小松市のような10万人都市においては，「老舗企業」の経営者の存在は認知されやすく，地域との関係性は自然に密接になりやすいと考えられる。

(5) システム思考

イノベーションのひとつの形が「新結合」なら，イノベーションを創出するためには，「結合」=「つなぐこと」が重要な鍵である。では，どのようにして何をつなげばいいのだろうか。

名和（2016）は，「日本人はこの，つながりを意識して物事の全体像を捉えるというのがどうも苦手だ。系列やグループ会社のような閉ざされたエコシステムの中でプレーヤー間の調整を行ったりするのは得意なのだが，仲間内の関係を一歩超えると，全体像を持ってシステムを編集し，関係を築いていくことができない。」と述べ，システム思考と長期的，複眼的，俯瞰的な視点の重要性を指摘している。また，企業と顧客との間の溝に着眼すると，それをきっかけに大きな可能性が解き放たれ，顧客，地域社会，環境の三者により大きな価値を一挙にもたらす方法を新たな視点から検討できるだろう（Senge, 2010）。さらに，Drucker（1985）は，イノベーションの7つの機会：1) 予期せぬ成功と失敗を利用する，2) ギャップを探す，3) ニーズを見つける，4) 産業構造の変化を知る，5) 人口構造の変化に着目する，6) 認識の変化を捉える，7) 新しい知識を活用する，を指摘し，変化を捉えることの重要性を示した。

日本の企業がチャンスを生かすためには，経営者も世の中がどう変化して

いくかをいち早く自分の頭で考え，自らのビジョンに基づいて行動しなければいけない（原，2013）。システム思考の提唱者，Sterman（2011）は，「システム思考では，ひとつのことだけをすることはできない，そして，すべてのことがほかのすべてとつながっていると理解する。」と主張している。

　自らが拠点を置く地域の課題は，親近感があり，その解決に向けての取り組みでは共有価値を創造しやすい。「つながり」を拡げていく「システム思考」を意識することで，「老舗企業」の「知」が活かされる可能性も広がる，と考えられる。

(6) CSVによる競争優位の戦略

　第1章でも述べられているが，戦略とは，「企業が競争相手に対して競争優位を確立するために，何をすべきかを選択する指針」を提示すべきものである。また，本章でも登場するPorterは，どの企業でも日常行っている「効率性の追求」は，戦略としては不十分であり，競争優位を確立するためには，競争相手とは何か異なることをすることが必要であると主張している。さらに，競争優位を確立する具体的な戦略としては，他社とは明らかに異なる製品やサービスを提供する，あるいはビジネスモデルを構築する「差別化戦略」か，他社よりも圧倒的なコスト低減を目指した「コストリーダーシップ戦略」の2つがあるとする。また，ファミリービジネスにおいては，競争相手に勝つという考え方よりも企業の存続が第一と考える傾向が強いため，戦略を考える機会が少ないかもしれないことも指摘した。例えば，山田（2016）は，ファミリービジネスにおける経営戦略は，「利益よりも存続」「競争よりは共存」を目的とすることが多いとしている。ただし，ファミリービジネスであっても，イノベーションの実現と差別化を図り，ステークホルダーからの支持と地域の社会的な牽制に強い影響を受けるとも主張している。このステークホルダーからの支持及び社会的な牽制により，イノベーションを創出する必要があるという指摘は，本章のCSVへの取り組みが競争優位の戦略になり得るという議論と同じ主張と解釈できる。

　辻製油のケースでもコマツのケースでも，おそらく他社との競争に勝つために地域活性化を志しているのではない。純粋に周辺地域に貢献したいという

経営者の強い意志に基づいて，積極的な活動を行っていると考えられる。この点，企業である以上は，収益性向上が重要であり，収益に直接結び付かないCSVを積極的に行おうとする経営者は必ずしも多くはない。しかしながら，本章で事例分析を行った2社とも，他社が実施するのかしないのかという点は考慮せずにCSVに積極的な活動を行っている。結果的に，この経営判断が「他社とは異なる製品やサービス，ビジネスモデルを構築した差別化戦略」につながっている点が大変興味深い。

もちろん，CSVが必ず競争優位の戦略に直結するということではない。むしろ，短期的には収益性を低下させることになる可能性もある。しかしながら，特に所有と経営が一致しているファミリービジネスであれば，山田が指摘するように「利益よりも存続」，「競争よりは共存」が重要視されるため，長期的な視野に立ってCSVを積極的に推進し，結果的に他社と異なる製品やサービスを提供する差別化戦略として競争優位の確立に貢献する可能性があると考えられる。

第5章 ▶ 章末問題

① 企業のCSV活動にはどのようものがありますか。具体例を考えてください。
② 企業のCSV活動がその競争優位につながるための条件は何でしょうか。できれば本章で指摘していること以外の条件も挙げてください。

第6章

ブランド戦略

> **キーワード**
> - ブランド戦略
> - マスコミへのアピール
> - 経営者の能力
> - 豆腐メーカー
> - 流通の囲い込み

　製品やサービスあるいは企業自体のブランドの確立は，差別化戦略のひとつとして有効である。ただし，資源の乏しい中小企業においては，ブランドを確立することは容易ではなく，そもそも製品やサービスの差別化が難しい業界もある。本章では，食品分野の中でも特に製品の差別化が難しいとされている豆腐製造企業の事例分析を行う。豆腐は，原料及び製法が確立しているため，従来は製品の差別化が難しいとされ，大手企業の製品でもコスト競争が激しい。しかしながら，このような豆腐業界においても，従来にはないアイデアと経営者の卓越した能力によって，製品の差別化とブランド構築により，製品の高付加価値に成功した企業が登場している。本章では，ブランドを確立した企業の事例分析により，ファミリービジネスのブランド戦略に資する経営者の能力を提示する。

第1節 ● ブランド戦略

　ブランドとは辞書によれば，「①自己の商品を他の商品と区別するための名称や標章，銘柄，商標あるいは②特に優れた品質を持つとして知られている商品の名称や標章」（大辞林）や「（焼印の意）商標。銘柄。特に名の通った銘柄。」（広辞苑）とされている。また田中（2014）は，ブランドのもともと

の意味を「焼印」としており，自分の家畜などを他人と区別するために焼印を付けたことから成り立ち，その後，陶工などの職人が自分の作品の目印に付けたとしている。

　ブランドは，製品やサービスを顧客に訴求するために重要である。製品やサービスの性能が同じであっても，良く知られているブランドの方が顧客から選好される傾向にある。その点では，ブランド戦略は差別化戦略の重要な一類型である。ただし，一般にブランドを確立するためには，多額の広告宣伝費が必要であり，また，ブランドを確立しても，それを維持するための継続的な努力が不可欠であり，資源の乏しい中小企業にとってブランドを確立・維持することは容易ではない。

　この点，本章では，食料品製造企業の中でも特に製品の差別化が難しいとされている豆腐業界において，ブランドの確立に成功した中小企業の事例を紹介する。豆腐は，原料が同じく，製法が確立しているため，従来は製品の差別化が難しいとされ，大手企業の製品でもコスト競争が激しい業界である。しかしながら，そのような業界においても，従来にはないアイデアと経営者の卓越した能力によって，製品の差別化とブランド構築により，ブランドの確立に成功した中小企業が登場している。

　Aaker（2014）は，ブランドを資産として見るようになれば，その資産を活用してほとんどの企業の目的である成長を生み出すチャンスが生まれると述べている。しかし，実際に成長を生み出せるようなブランドを中小企業が確立することは必ずしも容易ではない。例えば，田中（2014）は，従来のブランド戦略の研究においては，大量生産製品のブランドや伝統的な製品のブランドについてのものが大半を占めるとしている。すなわち，ブランドを確立するためには大きな資本あるいは長い歴史，または，その双方が必要ということになる。

　大量生産の製品の代表的研究としてはAaker（1991）のブランド・エクイティ戦略やブランド・ポートフォリオ戦略などが知られている。ここでは，1990年代のアメリカの企業がブランドを確立した事例を分析し，ポートフォリオをめぐる組織的な課題として，ブランドの役割に対する資源の割合やブランドやサブブランドを追加する際の意思決定が議論されている。また，顧

客との関係においては，そのブランドが関わる製品カテゴリーやサブカテゴリーを顧客にとって関連性あるものにすること，またはその状態を維持することの重要性などが指摘されている。これらはブランド戦略に重要な示唆を与えていると考えられるが，すでに複数のブランド製品を市場に投入しており，また，顧客がそのブランドをある程度認知している大企業の戦略が想定されている。

　一方，以下のように，資源の乏しい中小企業のブランド戦略に関する研究は少ないものの，中小企業に特化してブランド戦略の重要性を指摘すると同時に課題を提示した文献がある。例えば，長沢（2009）は地場・伝統産業を対象に分析し，日本の多様で独創的な地場・伝統産業の企業7社がブランドを確立したこと，そして，経験価値が生む技術経営が重要であることを指摘している。また，大月（2006）は，自社でブランド構築が難しいのであれば，他者の力を借りることをもっと前向きに考え，力を借りるのであれば，「力を貸してくれる相手」を意識し，その相手の事情も理解した上で，「自社がブランド構築のための備えるべき条件」を自覚すべきとしている。また，増田（2007）の研究では，地域の中小企業が大企業や競合他社への優位性を構築する方策として，製品差別化とブランド戦略を考察し，「本物志向」とブランド価値重視の競争戦略の実現が提案されている。伊部（2009）の研究では地域企業に見る製品差別化とブランド戦略に関する考察を行っており，地域企業が，大企業や競合他社への優位性を構築する方策について地域資源の利用や地域ブランドの活用の可能性が示唆されている。ただし，その一方で，POSシステムが導入されて以降，総合スーパーやコンビニエンスストアなどの店頭には売れ筋商品が優先して採用されるため，ますます大手企業の商品が有利となっており，中小企業のブランド開発，育成が困難になっていることも指摘している。このように既存研究においては，中小企業はブランド構築が決して容易ではないものの，自社の強みを意識すると同時に他社の力を借りる戦略によってブランド構築を進めることが可能であることが示唆されている。

　この点，中小企業白書（2015）は，グローバル化の進展等を背景に，大企業と中小企業・小規模事業者は自ら市場と向き合い，中小企業も自ら需要を

図表 6-1　中小企業における収益向上に向けた課題

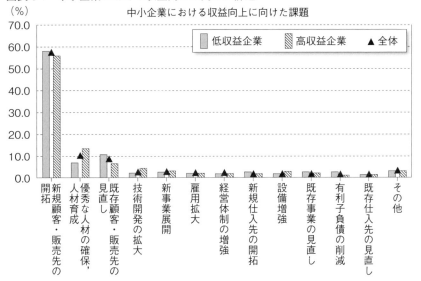

注：アンケート調査対象の中小企業の中で売上高経常利益率上位25％の企業を高収益企業といい，売上高経常利益率下位25％の企業を低収益企業と定義している。
出所：中小企業白書2015年版（2015）（中小企業庁），中小企業庁委託「大企業と中小企業の構造的な競争力に関する調査」（2014年9月，(株)帝国データバンク）をもとに，筆者作成。

獲得する必要に迫られていると指摘している。例えば，図表6-1に示したように高収益企業であっても様々な経営課題の中で，とりわけ新規顧客・販売先の拡大を課題と感じている企業が多い。

　ただし，中小企業が自ら自社ブランドの製品の販路を拡大することは容易ではない。また，前述のように中小企業のブランド構築における戦略的マネジメントの研究は数少ない。それはブランド構築のためには大きなコストと長期間の企業努力が必要であり，資源の乏しい中小企業においては，ブランドの確立に成功した企業が未だ少ないためと考えられる。また，ブランド戦略に関する既存文献の多くは，最終消費者を対象として企業のブランド構築に関する議論を行っている。この点，中小企業の多くは最終消費者ではなく，いわゆる中間財を製造し，最終消費者を顧客にしている大企業と取引していることが多い。

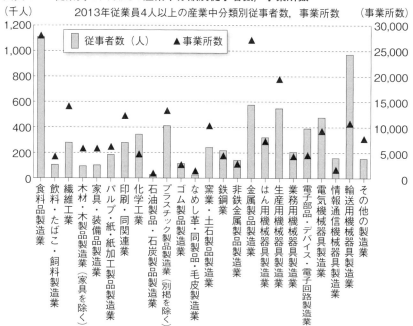

図表6-2 従業員4人以上の産業中分類別従事者数，事業所数

出所：工業統計表　平成25年確定 産業編（2015）（経済産業省）をもとに，筆者作成。

しかし，その一方で，中小企業白書（2015）も指摘するように，日本企業のほとんどは中小企業である。図表6-2に従業員4人以上の業種別従事者数を示した。製造業の中でも，事業所数，従事者数が最も多いのは食料品製造業である。食料品製造業は最終消費者に商品を提供しており，競争優位の確立のため，中小の食料品製造企業においてブランド構築が求められている。

中小企業金融公庫調査部（2004）は，中小企業のブランド戦略の特徴と課題として，(1) 中小企業にとってブランド戦略は身近なものである一方で，(2) ブランドを形成する上での基本プロセスは大手企業と変わらないが，マーケット特性や経営規模の違いから，中小企業の場合は必ずしもフルステップを意識的に行う必要がなく，また，暗黙知的に上手く機能する場合もあり，(3) スーパーマン的な経営者がいれば，ある意味では大手企業よりも効率的にブランドを確立できる場合があり，(4) しかしながら，企業規模を拡大してい

く上では組織知の力が必要であり,ブランド形成の基本プロセスに則って自社ブランド戦略を再構築する必要があると指摘している。すなわち,大企業に比べて中小企業のブランド構築は決して不可能ではなく,スーパーマン的な経営者や他社との積極的な連携を行うことでブランド構築を行うことは可能であることが提案されている。

　この点,第2章でも述べたように,近年,他社の力を積極的に取り込み,イノベーションを起こすべきであるという考え方が提案されている。また,新しいビジネスモデルの創出は重要なイノベーションとされており,新しいブランドの確立もビジネスモデル創出のひとつであると考えれば,イノベーションの一類型といえる。チェスブローは,「企業内部と外部のアイデアを有機的に結合させ,価値を創造させること」をオープン・イノベーションと呼び,新しいイノベーション戦略として重要であると主張した (Chesbrough, 2003)。オープン・イノベーション戦略は,資源の豊富な大企業であれば,採用しないという考え方もあるが,中小企業にとっては,他社の力を積極的に活用してイノベーションを創出するオープン・イノベーション戦略は重要である。

　以上のように,中小企業にとっても自社ブランド構築が求められている一方で,比較的資源の乏しい中小企業には必ずしも容易ではない。ただし,卓越した経営者の能力と他社の力を活用する戦略的なマネジメントによって,中小企業がブランド構築をすることは可能である。本章では,ブランド構築に成功した中小企業の事例を対象に,その成功をもたらした経営者の能力について分析することとする。

第2節 ● 分析対象企業

　本章では,豆腐業界においてブランド確立した企業のケース・スタディの結果を紹介する。Robert K.Yin (2011) は,ケース・スタディとは社会的リサーチを行う上での方法のひとつであり,経験的探求を目指した包括的なリサーチ方法であるとしている。ケース・スタディの本質は,登場している主体それぞれの意思決定あるいは意思決定群を描写することである。何故その

ような意思決定が行われたのか，また，それがどのように実施され，どのような結果が生じたのかなどを中心的に分析することに意義がある。

　本章の分析は，すべて公開情報に基づいている。論文や書籍のみならず，新聞記事，雑誌記事，業界紙，会社HP等より企業の製品開発に関する情報，経営者本人のコメントなどの公開情報を可能な限り抽出した。分析対象は食料品製造業の中でも特に製品の差別化が難しいとされている豆腐製造企業である。豆腐は，原料がほぼ同じで，製法が確立しているため，製品の差別化が難しいとされ，コスト競争が激しい業界と言われている。しかし，そのような製品の差別化が難しいとされる業界の中で，ブランドを確立した企業は大変興味深く，経営者の能力に焦点を当てて，分析を行った。

　新聞記事，雑誌記事の調査については，日本経済新聞及び読売新聞，朝日新聞，毎日新聞の主要4紙のデータベースを用いた。分析対象企業は，豆腐製造業で新聞等に取り上げられたことがあり，日経テレコン21内の「日経POS情報・売れ筋商品ランキング」の豆腐・豆腐製品において，ランキング上位企業で，ブランド構築に成功していると思われる以下のファミリービジネス企業の2社を選定した。

　①男前豆腐店　株式会社　（京都府南丹市）
　②相模屋食料　株式会社　（群馬県前橋市）

　男前豆腐店株式会社は2005年創業の企業であり，新興企業であるため，一般のファミリービジネスのイメージとは異なるが，創業者が会社を所有し，経営を行うファミリービジネスである。社長の伊藤信吾氏の父親は，茨城県の豆腐製造企業の経営者であり，同氏は，大学卒業後にシンガポールの貿易会社や築地の寿司屋相手に魚を売るなどの職業経験を経て，父親が経営する豆腐製造企業に入社し，経営に参画した。その後，独立し，同社を京都府に設立した。

　また，相模屋食料株式会社は1951年創業の企業で，現社長の鳥越淳司氏は2代目社長の3女の娘婿であり，まさにファミリービジネスである。同氏は大学卒業後に乳業企業に勤務した後，2002年に相模屋食料株式会社に入社した。その後，同社は，6年間で売上高を約4倍の成長を達成，豆腐業界で

図表6-3　男前豆腐店株式会社の概要

企業名	男前豆腐店株式会社
所在地	京都府南丹市
創業	2005年
代表者	代表取締役社長　伊藤 信吾氏
資本金	38百万円（2014年度）
従業員	98名（2014年度）
売上高	3,900百万円（2014年度）

出所：企業情報は㈱帝国データバンクの企業情報より2015年12月21日入手のうえ，筆者作成。

図表6-4　相模屋食料株式会社の概要

企業名	相模屋食料株式会社
所在地	群馬県前橋市
創業	1951年
代表者	代表取締役会長　江原 寛一氏 代表取締役社長　鳥越 淳司氏
資本金	80百万円（2016年度）
従業員	554名（2016年度）
売上高	21,200百万円（2016年度）

出所：相模屋食料株式会社ホームページ，中小企業庁「はばたく中小企業・小規模事業者300社」・「はばたく商店街30選」2017より，筆者作成。

トップシェアを占めている。

2社の概要を図表6-3と図表6-4に示す。

第3節 ● ブランド構築の経緯

　分析対象としたファミリービジネス2社は，上場企業ではない。そのため，大企業に比べて資源は乏しいが，新聞等のマスコミに取り上げられており，全国的なブランドを確立した企業である。まずは，ブランド構築の経緯を新聞

記事など公開情報の分析結果から紹介しよう。

「豆腐」及び「とうふ」のキーワードを用いて，主要4紙の1994年から2014年までの20年分の記事掲載数を確認した結果，年間1,000件から2,500件程度の掲載がある。また，2社の会社名をキーワードとして，主要4紙の1994年から2014年までの20年分の掲載記事を確認したところ，日本経済新聞に最も多く掲載されていた。

男前豆腐店株式会社の公開情報で注目すべきは，社長自らが最初から東京の二子玉川にある高島屋に出店することを戦略として掲げていたことである（伊藤，2006）（日本経済新聞2005年7月23日記事「男前豆腐店（東京・世田谷）−遊び心満載のネーミング（お店拝見）」）。実際に高島屋のバイヤーに売り込みをかけて，味を認めてもらった後に催事開催のきっかけを得た。この催事の実績が認められて，出店に持ち込むことができた。さらに高島屋への出店が大きくマスコミに取り上げられ，設備増強や販路を拡大し，その後，他社とのコラボレーションを行うなど積極的な事業展開を行っている。豆腐製造企業の中でもブランド構築に成功していると評価できる事例である。

相模屋食料株式会社の公開情報で注目すべきは，アニメーション企業とコラボレーションした豆腐が大きく取り上げられたことである（日本経済新聞2012年11月14日記事「ガンダムのキャラを豆腐に，相模屋食料の社長，鳥越淳司氏（フォーカス）」）。伝統的な豆腐産業においては画期的な取り組みである。その後，経営者のインタビュー等の掲載数が大幅に増えた。例えば，新工場でのロボット導入の際の記事（日本経済新聞2014年11月26日記事「相模屋食料・第3工場—豆腐生産，ロボにおまかせ，出来たてのおいしさ追求」），社長の出版本にて生協との品質管理向上の取り組みの掲載（鳥越，2014），京都の老舗料理店とのコラボレーション（鳥越，2014）などが大きくマスコミに取り上げられた。これらの継続的な努力により，ブランド構築に成功した事例と考えられる。

2社がブランド確立に成功した共通要因としては，経営者の卓越した意思決定及び優れた戦略立案・実行力にあったと判断することができる。具体的には，各企業ともに「品質にこだわり，絶対的自信を持っている」，「価値を分かってもらうため，扱ってもらいたい店舗を決めて販路を切り開く」，「最初

図表6-5　男前豆腐店株式会社の新聞記事掲載件数

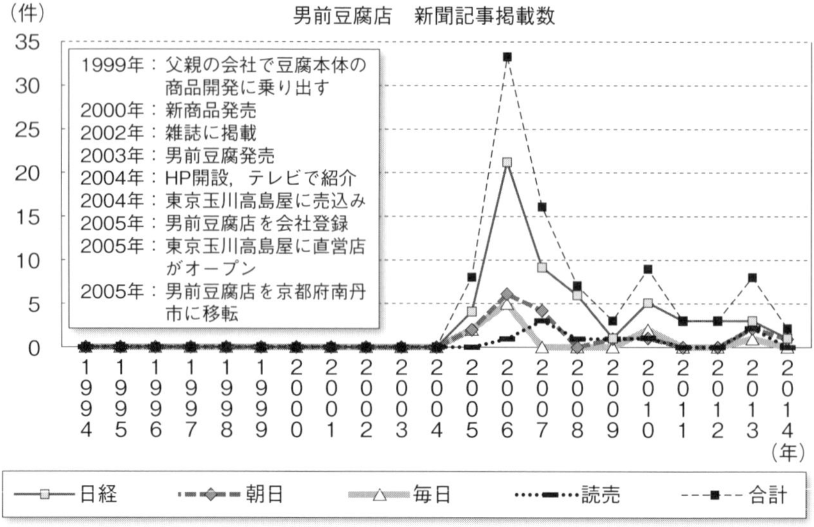

(件)
男前豆腐店　新聞記事掲載数
35
30
25
20
15
10
5
0
1999年：父親の会社で豆腐本体の商品開発に乗り出す
2000年：新商品発売
2002年：雑誌に掲載
2003年：男前豆腐発売
2004年：HP開設，テレビで紹介
2004年：東京玉川高島屋に売込み
2005年：男前豆腐店を会社登録
2005年：東京玉川高島屋に直営店がオープン
2005年：男前豆腐店を京都府南丹市に移転
1994 1995 1996 1997 1998 1999 2000 2001 2002 2003 2004 2005 2006 2007 2008 2009 2010 2011 2012 2013 2014
(年)
日経
朝日
毎日
読売
合計

出所：筆者作成。

は経営者のみで信念や感性を持ってブランド構築に動く」などの共通点がある。また，ブランド構築後にも，そのブランド力を維持するため，他社とのコラボレーション，経営者本人のインタビュー等を定期的に新聞，雑誌，インターネット記事等で積極的に情報発信することも共通点である。

以下，情報発信に関して，より具体的に分析を行う。まず，男前豆腐店株式会社の分析結果である。図表6-5に新聞記事の掲載件数を示した。2006年度が33件，2007年度が16件掲載されている。創業が2005年であり，初年度から２年間で数多く掲載されていることが分かる。特に日本経済新聞では20年間で56件と他の朝日新聞，毎日新聞，読売新聞と比べて数多く取り上げられている。記事の内容としては，2006年度，2007年度は男前豆腐店の新製品や百貨店への出店に関する記事が多く，また伊藤信吾社長に対するインタビューなど男前豆腐店の製品，人物，経営に関する記事が多い。2008年以降は，他社とのコラボレーション製品に関する記事が主となり，各年度の掲載も３件程度になっている。

図表6-6に男前豆腐店株式会社の取り組みを整理した。2002年以降様々な

第6章　ブランド戦略

図表6-6　男前豆腐店株式会社の取り組み

年月	主な出来事
1993年 3月	伊藤信吾氏（現社長）が父親の経営する茨城県古河市の「三和豆友食品」に入社
1999年12月	豆腐本体の開発に取り組む
2002年 6月	日経BPデザイン賞パッケージ部門銀賞を受賞
2003年12月	monoマガジンSUPER GOODS OF THE YEAR食品部門金賞を受賞
2004年 2月	東京・玉川高島屋のバイヤーである「東神開発」にアタック
2004年 5月	三和豆友食品のホームページを開設
2004年 6月	テレビで紹介される
2005年 3月	男前豆腐店を会社登録
2005年 3月	東京・玉川高島屋で第1回催事
2005年 7月	東京・玉川高島屋に直営店がオープン
2005年 7月	男前豆腐店のホームページを開設
2005年 8月	三和豆友食品の役員を外れる
2005年 9月	男前豆腐店が京都府南丹市八木町に移転（自前の生産工場を持つ）その後，有名百貨店への催事や他社とのコラボ企画を行うまた，山梨県，青森県，茨城県に工場設立，その後閉鎖，生産拠点を京都に集約

出所：伊藤信吾（2006）『風に吹かれて豆腐屋ジョニー　実録男前豆腐店ストーリー』講談社及び新聞記事より，筆者作成。

豆腐を市場に投入し，その後2005年に独立及び創業してからも斬新な製品を発売し続けた。また，生産拠点を京都に集約したこともブランド確立に貢献したと考えられる。

伊藤信吾社長の発言内容を整理すると，経営者としての理念や戦略を以下のように解釈することができる。

- 生き残りを続けるには，商品の質を良くし，結果として単価を上げていく
- 味にこだわることが，真っ当なマネジメント
- 広告費はない。バイヤーへの売り込み
- 商品やネーミングは伊藤社長が考え，自ら商品開発を手がける

（『男前豆腐店（京都・南丹市）磨きぬいた品質とデザインで新たな豆腐の世界を作り出す（事例特集　ものづくり商人は強い！製品製造であなたの店

図表 6-7　相模屋食料株式会社の新聞記事掲載件数

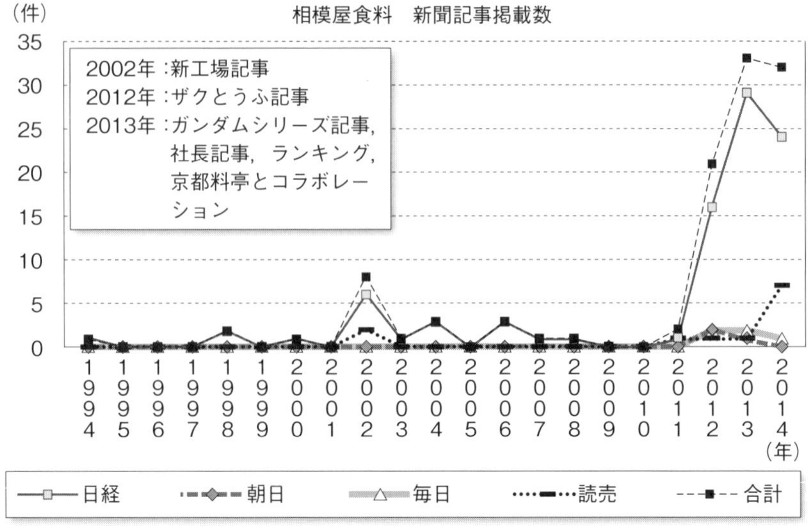

相模屋食料　新聞記事掲載数

2002年：新工場記事
2012年：ザクとうふ記事
2013年：ガンダムシリーズ記事，社長記事，ランキング，京都料亭とコラボレーション

―□―日経　‐‐◆‐‐朝日　―△―毎日　……読売　‐‐■‐‐合計

出所：筆者作成。

の"ブランド信者"を作る)』商業界,61（4），24-29，2008年掲載)

　伊藤信吾社長は，製品が売り場で目立つことが大切であることを強く認識しており，製品が良くてもデザインが良くなければ顧客に手にしてもらえないこと，そのため，購入への動機付けのためにも名前やパッケージが重要な要素だと考えていた（商業界，2008）。値段が少し高いが，週末などの特別の日に求めるハレの日の豆腐として，新たな需要の創出を目指した。そのためには，最高の品質を目指すだけでなく，製品名やパッケージの形状にこだわりを持ち，社長が率先して取り組むことになった。また，製品を売り込むことにおいても，社長自ら取り組み，最初から東京の二子玉川の高島屋をターゲットに決めて，バイヤーに営業をかけている（伊藤，2006）。催事開催を成功させ，高島屋の地下食品売り場に出店することでマスコミに取り上げられ，知名度が上がり，売上が急増した。
　次に相模屋食料株式会社の取り組みを分析する。図表6-7に新聞記事の掲載件数を示す。2012年度が21件，2013年度が33件，2014年度が32件掲載さ

第6章 ブランド戦略

図表6-8 相模屋食料株式会社の取り組み

年月	主な出来事
1951年10月	相模屋豆腐店創業
1959年 2月	有限会社相模屋設立
1978年 3月	相模屋食料株式会社へ改組
2002年	鳥越淳司氏（現社長）が入社
2006年12月	農林水産大臣賞　受賞
2007年	鳥越淳司氏（現社長）が代表取締役に就任
2010年10月	豆腐メーカーとして初のTVCM放映
2011年12月	「焼いておいしい絹厚揚げ」が食品ヒット大賞　優秀ヒット賞（日本食糧新聞社制定）受賞
2012年 3月	「ザクとうふ」を発売
2012年 9月	江原会長が食品産業功労賞　受賞
2012年11月	「ザクとうふ」が食品産業技術功労賞　受賞
2012年12月	「ザクとうふ」，「鍋用ズゴックとうふ」が食品ヒット大賞　優秀ヒット賞（日本食糧新聞社制定）受賞
2013年 1月	「ザクとうふ」が2012年日経優秀製品・サービス賞　優秀賞，日経MJ賞　受賞
2013年 2月	一般社団法人　日本経済団体連合会に加盟
2013年11月	出版社の旺文社とコラボレーション，豆乳湯とうふをだるまで包む
2013年12月	京都の老舗料亭「菊乃井」とコラボレーション，濃厚な高級豆腐発売
2014年12月	不二製油株式会社と戦略的業務提携

出所：鳥越淳司（2014）『「ザクとうふの哲学」』PHP研究所及び新聞記事より，筆者作成。

れている。主要4紙の中では，男前豆腐店と同様に日本経済新聞の掲載が最も多い。掲載内容を分析したところ，2012年度より，アニメーション会社とコラボレーションした「ザクとうふ」の関連記事や，工場新設，社長のインタビュー記事などが多く掲載され，2012年度以降新聞記事に多く取り上げられている。

同社の主な取り組みを図表6-8に整理した。2012年の「ザクとうふ」発売以降，新聞記事にも掲載されたこともあり，食品製造企業として一般消費者にも知名度が上がり，その後も新製品や異業種とのコラボレーションを行い，ブランドの確立に貢献した。

鳥越淳司社長の著書等から，同社の企業理念と戦略として，以下の点を読

み取ることができる。
- 白くて四角いものだけがお豆腐ではない，という経営者の信念
- パッケージデザイン，ネーミングの多くは社長が考案
- 最大の商品開発の秘訣は，その勢いを冷まさないこと
- 差異化とは一目で分かること

(鳥越淳司（2014）『「ザクとうふの哲学」』PHP研究所)

　鳥越淳司社長は，将来を想像することが多く，ガンダム関連のイベントで一流企業のコラボレーション企画を見て，「いつかウチもガンダムとコラボレーションできないか？」と考えたとされる（鳥越，2014）。そして，想像や妄想をする時，極力，頭の中で具体的な像を描くようにしており，そうすることで，妄想は具体化する可能性を持つと述べている。

第4節 ● ブランド構築における経営者の能力

　本章では食料品製造企業のファミリービジネス，特に豆腐製造企業を分析対象とした。豆腐は，基本的に原材料が同質で消費期間が短く，伝統産業でもあり，製品自体の差別化が容易でないとされている。しかし，このような豆腐業界において，卓越した経営者の能力により，ブランド構築に成功した2社の事例を分析した。これら2社の事例からは，経営者の能力として以下の点が注目される。

①トップが強力なリーダーシップを携えている
②製品の品質には絶対的な自信を持っている
③ブランドを確立するためには，販路拡大が重要課題であることが分かっている
④トップ営業で活路を切り開く
⑤自社の価値の分かってくれるところに営業する
⑥インターネット，SNS，イベントを利用して顧客とのつながりを深める

　これらを第4章で提示されたイノベーション創出に貢献する8つの経営者

の能力と照らし合わせ，ブランド構築においても，以下の経営者の能力が重要であると考えられる。

(1) ビジネス構想能力と潜在需要の明確化能力

最初は，経営者の信念や感性を持って，潜在需要を明確化し，新製品開発に積極的に取り組んでいる。また，経営者が独自に，営業活動やマーケティング活動を構想し，強いリーダーシップを発揮している。

(2) 突破能力とルールブレイク能力

従来にはない奇抜なアイデアを思いつくものの，それを実現するためには，既存の流通網のみを対象に営業活動を行っても限界があることを良く理解している。その上で，既存のルールや慣習にこだわらない新しい売り方を積極的に模索している。特に特定の百貨店などブランドを構築できる新しい流通経路を開拓するなどの突破力がある。

(3) 他社との連携力

これは第4章で提案された能力ではない。ただし，資源の乏しい中小企業にとっては非常に重要な能力であると考えられる。自社の強みを認識し，新しい製品の開発や販路開拓により，ブランド構築に成功した後も，ブランド維持のために新製品や包装・デザインなどの開発に次々と注力している。しかし，自社の資源には限界があり，それを克服するため，外部企業との連携を積極的に行うオープン・イノベーション戦略を実践している。

中小企業であれば，当初は，経営者の信念や感性のみで，ブランド構築に動くことはあるかもしれない。ただし，そこで重要なのは，単なるワンマンで進めていくのではなく，販路の売り場担当者からの意見を素直に聞いたうえで何度も製品改良するなど，社内外の意見を取り入れることも重要である。その一方で，品質に関しては，2社ともに，強いこだわりを持っており，事業を構想し，ブランド構築に向けて，トップが強力なリーダーシップを発揮している。

また，2社ともに長期的な視野を持ち，新しい販路・流通を開拓する戦略を展開している。ここでは，既存の業界のルールや慣習にとらわれない突破力が極め

て重要であると考えられる。さらに、ブランドの構築に成功した後にブランドを維持するための共通要因として、経営者の卓越した戦略立案・実行力があったと判断することができる。具体的には、ブランドを維持するためには新しい製品を次々と展開する必要があるが、各企業ともに自社の資源だけでは十分でないことを認識し、他社との積極的な展開を行っている。

男前豆腐店株式会社及び相模屋食料株式会社ともに、注目されるようになって最初の1年目は新製品の発売で大きく取り上げられ、その後、社長のインタビュー、工場設備など会社自体が注目されるが、2年目以降になると新製品での掲載件数は減っている。このことは、注目を集め続けるためには継続的な経営努力を行う必要があることを示しているが、両社ともに他社との連携によるコラボレーションが取り上げられており、積極的なオープン・イノベーション戦略により、ブランドが維持されていると解釈することができる。

本章では、ブランドの確立に成功したファミリービジネスの事例について、詳細なケース・スタディに基づき、経営者の能力について分析を行った。これらの分析結果からも、ファミリービジネスのブランドを確立するためには経営者の役割は大きく、その中でも、経営者の理念や感性、販路開拓への突破力が極めて重要であり、他社とのオープン・イノベーションなどの戦略的マネジメントによって、中小企業ならではのブランドの構築は可能になると考えられる。

第6章 ▶ 章末問題

① あなたの身の回りにある物品で、2社以上の企業が協力して生み出された製品はありますか？探してみて、それらの企業の業種を調べてみましょう。

② 中小企業が自社の製品やサービスについてブランド構築したい場合、どのような取り組みが重要だと考えられますか？重要だと思うことを書き出してみてください。

おわりに

　イノベーションに関連する書籍は多数あるが，ファミリービジネスに焦点を当てた研究は数少ない。実は，著者らも当初からファミリービジネスのイノベーションについて詳細に分析しようと意図していたわけではない。ファミリービジネスの優位性を分析したい，地域活性化に貢献する企業はどのような企業なのか，あるいは差別化が難しい商品において，ブランドを確立するための戦略はどのようなものなのか等を問題意識として研究を進めるため，成功した企業を分析するうちにファミリービジネスのイノベーションの能力，特に経営者の能力が重要であることを認識するに至った。これらの研究成果をまとめたのが本書である。

　一方，本書の第2章でも述べたように，イノベーションを創出するためには，多額の投資と長期間の努力が必要であり，様々な不確実性を克服しなければならない。特に，イノベーションが画期的であれば，その不確実性は増大する。そのため，投資家から短期的に収益性向上を求められる経営者がイノベーションへの投資を回避する可能性があることも指摘されている。この点でも所有と経営が一致しているファミリービジネスにおいては，長期的な視野に立って，イノベーションへの思い切った投資を創業家が強いリーダーシップにて決断し，継続することが可能であり，画期的なイノベーション創出が可能な素地があると考えられる。

　ただし，すべてのファミリービジネスがイノベーションの創出が可能であると主張したいわけではない。所有と経営が一致しているファミリービジネスでは，経営者が暴走しても，誰も監視・牽制することができず，企業が苦境に陥ることがあることも事実である。その点から，経営者への適切な監視ができる所有と経営が分離している専門経営企業こそが望ましいという考え方もある。

結局はどちらが必ず優れているということではなく，トレードオフがあるという考え方が重要である．その上で，資本市場がグローバルに発達し，上場企業の経営者に対する投資家の圧力が高まっている現代においては，ファミリービジネスのイノベーションに対する期待は高いと考えられる．特に，すぐに収益に結び付かないような地域活性化や環境保護などに貢献するイノベーションについては，企業そのものが家業とみなされるファミリービジネスの活躍が期待できると考えられる．この点は本書で繰り返し強調した点である．

　なお，本書の最後に，ファミリービジネス研究の今後の課題を提示したい．本書はファミリービジネスがイノベーション創出の能力を発揮することが期待できることを説明しているが，もちろんすべてのファミリービジネスが簡単にイノベーションを創出できるというわけではない．また，ファミリービジネス特有の課題もあることは否定できない．経営者がイノベーションに対して，思い切った意思決定と投資が可能であることは注目すべき点であるが，その一方で，経営者が判断を誤り，暴走を始めてしまった場合に誰も止めることができない可能性があることにも留意すべきである．このようなファミリービジネスならではの課題を踏まえながら，今後もファミリービジネス研究は進められるべきと考えられる．

　また，本書では，ファミリービジネスの優位性，イノベーションの能力，特に経営者の能力に焦点を当てて分析を行ったが，これらの分析が十分でないことは著者らも十分認識している．また．不十分ながらも，著者らが知りうる範囲の知識で，ファミリービジネスの重要性について実務家の方々にも分かりやすく紹介することを意図したが，分析の方法や関連文献を大幅に省略した部分も少なくない．特にファミリービジネスには，事業承継の問題などイノベーション創出以外にも重要な経営課題があるものの，ほとんど本書では触れられていないため，これらについては，他の文献を是非参照していただきたい．

　実は，そもそも，本書が対象とするイノベーション研究において，日本の戦略を取り扱った文献は欧米に比べて必ずしも多いとはいえず，特に日本のファミリービジネスの戦略に関する研究は数少ないのが現状である．日本企

業のほとんどがファミリービジネスであり，ファミリービジネスのイノベーションの戦略あるいは能力が日本経済成長において決定的に重要であるといっても過言ではない。そのため，著者らは，今後も，この分野での研究を継続していく所存である。

　最後になるが，本書の第4章，第5章，第6章における事例分析においては，日本のファミリービジネスのイノベーション戦略について詳細な分析を行った。多くの企業については，公開情報を元に筆者らの独自な分析結果であるが，幾つかの企業の方々にはインタビューにご快諾いただいた。ここに深く感謝の意を表したい。

編著者
玄場公規

参考文献

Aaker,D.A(1991)"*Managing brand equity : capitalizing on the value of a brand name*", Free Press, Maxwell Macmillan Canada, Maxwell Macmillan International(陶山計介・中田善啓・尾崎久仁博・小林哲訳『ブランド・エクイティ戦略―競争優位をつくりだす名前,シンボル,スローガン―』(第11版),ダイヤモンド社,1994年)

Aaker, D. A(2011)"*Brand Relevance: Making Competitors Irrelevant*", Jossey-Bass(阿久津聡・電通ブランド・クリエーション・センター訳『カテゴリー・イノベーション』日本経済新聞出版社,2011年)

Aaker,D.A(2014)*Aaker on Branding: 20 Principles That Drive Success*, Morgan James Publishing(阿久津聡訳『ブランド論―無形の差別化を作る20の基本原則』(第2版),ダイヤモンド社,2014年)

Abell,D.F(1980)*Defining the Business: The Starting Point of Strategic Planning*, Prentice-Hall(石井淳蔵訳『事業の定義』千倉書房,1984年)

Adner, R and Helfat, C.E.(2003)*Corporate effects and dynamic managerial capabilities*, Strategic Management Journal, 24(10), pp.1011-1025.

Afuah, A.(1998)*Innovation Management: Strategies, Implementation, and Profits*, Oxford University Press.

Anderson, R.C and Reeb, D. M.(2003)Founding-Family Ownership and Firm Performance: Evidence from the S&P 500, *The Journal of Finance*, 58(3), pp.1301-1328.

Barnard, C. I.(1938)*The Functions of the Executive*, Harvard University Press(山本安次郎・田杉競・飯野春樹訳『経営者の役割』ダイヤモンド社,1968年)

Barney, J.B.(2002)*Gaining and Sustaining Competitive Advantage*, Second Edition, Pearson Education, Inc.,(岡田正大訳『企業戦略論 上・中・下』ダイヤモンド社,2003年)

Brabeck L.P.(2014)「企業の社会的責任を超えて ネスレ:CSVは競争力になる」『DIAMONDハーバード・ビジネス・レビュー論文』ダイヤモンド社, pp.10-19.

Branscomb, L.(1992)*Beyond spinoff: military and commercial technologies in a changing world*, Harvard Business School Press.

Brockhoff, K.(1989)*Forschung und Entwicklung: Planung und Kontrolle*, R. Oldenbourg(栗山盛彦・森昭夫訳、中原秀登・武井敦夫訳『研究開発の経営戦略』千倉書房,1994年)

Carpenter, M., F. Narin & P. Woolf.(1981)"Citation Rates to Technologically Important

Patents" *World Patent Information*, pp.160-163.

Chesbrough, H.（2003）*Open innovation: the new imperative for creating and profiting from technology*, Harvard business school press（大前恵一朗訳『Open innovation：ハーバード流イノベーション戦略のすべて』産業能率大学出版部，2004年）

Christensen, C. M.（1997）*Innovator's Dilemma: When New Technologies Cause Great Firms to Fail*, Harvard Business School Press（伊豆原弓訳『イノベーションのジレンマ―技術革新が巨大企業を滅ぼすとき―』翔泳社，2001年）

Drucker, P.F.（1985）*Innovation and entrepreneurship : practice and principle*, Heinemann（上田惇生訳『イノベーションと企業家精神』ダイヤモンド社，2015年）

Gomory, R. E.（1988）"From the Ladder of Science to the Product Development Cycle," *Harvard Business Review*, 67（6），pp.99-105.

Hambrick, D. C., and Mason P. A.（1984）*Upper echelon: The Organization as a Reflection of its Top Managers*, Academy of Management Review, 9, pp.193-206.

Haour, G.（2004）*Resolving the innovation paradox: enhancing growth in technology companies*, Palgrave Macmillan（サイコム・インターナショナル訳『イノベーション・パラドックス：技術立国復活への解』ファーストプレス，2006年）

Helfat, C. E. et al.（2007）*Dynamic Capabilities*, Wiley-Blackwell（谷口和弘・蜂巣旭・川西章弘訳『ダイナミック・ケイパビリティ』勁草書房，2010年）

Milgrom, P. & Roberts, J.（1990）"The economics of modern manufacturing: Technology, strategy, and organization," *American Economic Review*, 80（3），pp.511-528.

Miller, D. and Breton-Miller, I.（2005）*Managing for the Long Run*, Harvard Business School Press（斉藤裕一訳『同族経営はなぜ強いのか？』ランダムハウス講談社，2005年）

Mintzberg, H.（1973）*The Nature of Managerial Work*, Harper Collins Publishers Inc.,（奥村哲史・須貝栄訳『マネジャーの仕事』白桃書房，1993年）

Pedersen P. D.（2015）『レジリエント・カンパニー：なぜあの企業は時代を超えて勝ち残ったのか』東洋経済新報社

Pfitzer, M., Bockstette, V. Stamp M.（2013）*Innovating for Shared Value*, Harvard Business School Publishing.

Pierce, L. Teece, D. J.（2005）*The Behavioral, Evolutionary, and Dynamic Capabilities Theories of the Firm*: Retrospective and Prospective, Social Science Research Network.

Pink, D.H.（2011）Drive : the surprising truth about what motivates us, Riverhead Books（大前研一訳『モチベーション3.0：持続する「やる気！（ドライブ）」をいかに引き出すか』講談社，2011年）

Porter, M. E. (1980) *Competitive Strategy*, A Division of Macmillan. Inc.. (土岐坤, 服部照夫・中辻万治訳『競争の戦略』ダイヤモンド社, 1995年)

Porter, M. E. (1985) *Competitive Advantege*, A Division of Macmillan. Inc.. (『競争優位の戦略』ダイヤモンド社, 1985年)

Porter, M.E. (1996) What is Strategy?, *Harvard Business Review*, November-December.

Porter, M.E. and Kramer, M.R. (2011) Creating Shared Value, *Harvard Business Review*, January-February.

Prahalad C.K., Gary Hamel (1990) *The core competence of the corporation*, Harvard Business Review, May–June, pp.79-91. ←☆イタリック要確認

Robert K.Yin (2011) 『ケース・スタディの方法』(新装版) (第2版), 千倉書房

Rosenberg, N. (1982) *Inside the Black box: Technology and Economics*, Cambridge University Press.

Rosenbloom, S. R. & Spencer, J. W. (1996) *Engines of innovation: U.S. industrial research at the end of an era*, Harvard Business School Press. (西村吉雄訳『中央研究所の時代の終焉:研究開発の未来』日経BP社, 1998年)

Rumelt, R. P. (1974) *Strategy, Structure, and Economic Performance*, Division of Research, Graduate School of Business Administration, Harvard University.

Schumpeter, J. A. (1934) *The theory of economic development: an inquiry into profits, capital, credit, interest, and the business cycle*, Harvard University Press (塩野谷祐一, 中山伊知郎, 東畑精一訳『経済発展の理論:企業者利潤・資本・信用・利子および景気の回転に関する一研究』岩波書店, 1977年)

Schwarz F. (2016) *Peter Brabeck-Letmathe and Nestlé – a Portrait: Creating Shared Value*, Stämpfli (石原薫訳 邦訳『知られざる競争戦略』ダイヤモンド社, 2016年)

Senge P.M., Smith B., Kruschwitz N., Laur J., Schley S.(2010) *The necessary revolution : how individuals and organizations are working together to create a sustainable world*, Crown Business (有賀裕子訳『持続可能な未来へ:組織と個人による変革』日本経済新聞出版社, 2010年)

Solow, R. (1956) "A Contribution to the Theory of Economic Growth," *Quarterly Journal of Economics*, 70 (1), pp.65-94.

Solow, R. (1957) "Technical Change and the aggregate production function," *The Review of Economics and Statistics*, 39 (3), pp.312-320.

Sterman, J.D.(2000) *Business Dynamics: Systems Thinking and Modeling for a Complex World*, McGraw-Hill Education (小田理一郎・枝廣淳子訳『システム思考:複雑な問題の解決技法』3, 東洋経済新報社, 2009年)

Teece, D. J. (2007) "*Explicating Dynamic Capabilities : The Nature and Microfoundations of (Sustainable) Enterprise Performance*", Strategic Management Journal, Vol. 28,

Issue13, pp.1319-1350.

Teece, D. J.(2009)*Dynamic Capabilities & Strategic Management*, Oxford University Press(谷口和弘他訳『ダイナミック・ケイパビリティ戦略』ダイヤモンド社，2013年)

Trajtenberg, M.(1987)"Patents, Citations, and Innovation: Tracing the Links" *National Bureau of Economic research Working Paper*, p.2457.

Williamson, O. E.(1991)" Comparative Economic Organization: The Examination of Discrete Structural Alternatives." *Administrative Science Quarterly* 36, pp.269-96.

Von Hippel, E.(1976)"The dominant role of users in the scientific instrument innovation process," *Research Policy*, 5(3), pp.212-239.

Von Hippel, E.(1977)"The dominant role of the user in semiconductor and electronic and electronic subassembly process innovation," *IEEE Transactions on Engineering Management*, 24(2), p.60.

Von Hippel, E.(1994)*The sources of Innovation*, Oxford University Press.

青島矢一・鈴木修(2008)「ソニー—非接触ICカード技術「FeliCa」のイノベーション」『一橋ビジネスレビュー』55(4), 108-127。

明石芳彦・植田浩史(1955)『日本企業の研究開発システム—戦略と競争—』大阪市立大学経済研究所報，東京大学出版会。

石谷孝佑・水口眞一・大須賀弘(2010)『包装の本』日刊工業新聞社。

一般社団法人CSV開発機構(2016)『2015年度 事業報告書』一般社団法人CSV開発機構。

伊藤信吾(2006)『風に吹かれて豆腐屋ジョニー 実録男前豆腐店ストーリー』講談社。

伊吹忠之(1999)「化学産業の新産業創出・進化サイクル」『技術と経済』384, 18-26。

伊部泰弘(2009)「地域企業にみる製品差別化とブランド戦略に関する一考察—新潟・栗山米菓の事例研究—」『新潟経営大学紀要』15, 73-86, 新潟経営大学。

上原征彦(1999)『マーケティング戦略論 実践パラダイムの再構築』有斐閣。

小川進(2000)『イノベーションの発生論理—メーカー主導の開発体制を越えて—』白桃書房。

大槻博(2006)「マーケティング・コミュニケーション管理の戦略的枠組の提案 店頭マーケティング・コミュニケーションの位置づけ」『経営・情報研究：多摩大学研究紀要』9, 15-32。

大月美聡(2006)「小さな企業のブランド構築—「洋菓子業界の事例」から—」『マネジメント・レビュー』11, 239-273, 関西学院大学。

金子秀(2006)『研究開発戦略と組織能力』白桃書房。

缶詰技術研究会(2010)『容器の事典』日本食糧新聞社。

木島実(1990)『食品企業の発展と企業者活動 日清食品における製品革新の歴史を中

心として』筑波書房。
岸本裕一・青谷実知代（2002）「食品マーケティングの視点から見たレトルト・カレーのブランドポジショニング」『環太平洋圏経営研究』3，27-51。
倉科敏材（2010）「老舗と企業家精神」『企業家研究』7，48-52。
グレイン調査団（2010）『ニッポンの大発明』辰巳出版。
桑嶋健一・高橋伸夫（2001）『組織と意思決定』朝倉書房。
児玉文雄（1991）『ハイテク技術のパラダイム：マクロ技術学の体系』中央公論社。
児玉文雄（2007）『技術経営戦略』オーム社。
小森谷浩志（2008）『「フロー理論型」マネジメント戦略―イマージョン経営12のエッセンス―』芙蓉書房。
齋藤孝（2008）『ロングセラーの発想力』ダイヤモンド社。
齋藤卓爾（2006）「ファミリー企業の利益率に関する実証研究（特集 知的財産法制研究(2)）」企業と法創造 3（1），早稲田大学21世紀COE《企業法制と法創造》総合研究所，171-185。
榊原清則（1992）『企業ドメインの戦略論』中公新書。
榊原清則（2002）『経営学入門（上）』日本経済新聞社。
坂根正弘（2011）『ダントツ経営―コマツが目指す「日本国籍グローバル企業」』日本経済新聞出版社。
佐々木正（2005）『わが「郊之祭」―感謝・報恩の記』財界通信社。
芝崎勲・横山理雄（2007）『食品包装講座』日報出版。
嶋田美奈（2009a）「経営者の交代と戦略バイアス　ファミリー企業の優位性から」『商学研究科紀要』69，11-22。
嶋田美奈（2009b）「資源ベース理論によるファミリー企業分析の課題」『商学研究科紀要』68，15-27。
清水龍瑩（1979）『企業行動と成長要因の分析　戦後日本企業の実証的研究』有斐閣。
清水龍瑩（1981）『現代企業評価論』中央経済社。
清水龍瑩（1983）『経営者能力論』千倉書房。
清水龍瑩（1984）『企業成長論　新しい経営学』中央経済社。
清水龍瑩（1992）『大変革期における経営者の洞察力と意思決定　第Ⅰ巻～第Ⅴ巻』千倉書房。
清水龍瑩（1998）『実証研究30年　日本型経営者と日本型経営』千倉書房。
新星出版社編集部（2010）『ロングセラー商品のパッケージデザイン』新星出版。
水牛くらぶ（1990）『モノ誕生「いまの生活」1960-1990』晶文社。
鈴木久昭（2002）『容器・包材マーケット情報　2002年版』日報出版。
生活情報センター編集部（2004）『創業の逸品』生活情報センター。
生活情報センター編集部（2005）『続　創業の逸品』生活情報センター。
成美堂出版編集部（2010）『ロングセラー商品の舞台裏』成美堂出版。

竹内書店新社編集部（2001）『超ロングセラー大図鑑』竹内書店新社。
田中洋（2014）『ブランド戦略全書』有斐閣。
茶木正安（2008）「我国ファミリー企業のパフォーマンスについて」日本経営品質学会誌 オンライン 日本経営品質学会, 3（1）, 2-16。
中小企業金融公庫調査部（2004）「中小企業のブランド戦略」『中小公庫レポート』2003（3），1-78,中小企業金融公庫。
辻本将晴（2008）「非接触ICカード"FeliCa"におけるビジネス・エコシステム形成・発展要因と企業戦略の分析」『独立行政法人新エネルギー・産業技術総合開発機構・平成19年度産業技術研究助成事業・研究成果報告書』独立行政法人新エネルギー・産業技術総合開発機構。
鳥越淳司（2014）『「ザクとうふ」の哲学—相模屋食料はいかにして業界No.1になったか』PHP研究所。
内閣府（2005）『国民生活白書』時事画報社。
長沢伸也（2009）『地場・伝統産業のプレミアムブランド戦略—経験価値を生む技術経営』同友館。
名和高司（2015）『CSV経営戦略』東洋経済新報社。
難波正憲（2010）「ファミリービジネスにおけるラディカル・イノベーション創出戦略」『研究・技術計画学会』25,611- 616.
日本経済新聞（2005）『2005年7月23日（朝刊）』
日本経済新聞（2012）『2012年11月14日（夕刊）』
日本経済新聞（2014）『2014年11月26日（地方経済面　北関東）』
日経デザイン包装向上委員会（2007）『売れるパッケージデザインの秘密50』日経BP社。
日経MJ編（2010）『日経ヒット商品番付1971→2010』日本経済新聞出版社。
日本銀行統計局編（1999）『明治以降本邦主要経済統計』並木書房。
日本工業規格 包装の定義（1951）日本工業標準調査会。
日本包装学会（2011）『包装の事典』朝倉書房。
野路国男（2017）『日本経済新聞2017年7月10日（夕刊）』。
野路国男（2017）『日本経済新聞2017年8月21日（夕刊）』。
野路国男（2017）『日本経済新聞2017年8月28日（夕刊）』。
野路国男（2017）『日本経済新聞2017年10月2日（夕刊）』。
野村総合研究所（2014）「CSV事業の先進事例分析を通じた枠組みに関する調査研究事業報告」，117-118。
初見健一（2005）『まだある。今でも買える"懐かしの昭和"カタログ食品編』大空ポケット文庫。
初見健一（2007）『まだある。今でも買える"懐かしの昭和"カタログ食品編その2』大空ポケット文庫。

初見健一（2009）『まだある。増補改訂版でも買える"懐かしの昭和"カタログ食品編』大空ポケット文庫。

原丈人（2013）『増補　21世紀の国富論』321，平凡社。

百五経済研究所（2011）「ナンバーワン、オンリーワンに向けた飽くなき探求心」『HRIレポート』139（2011.1），19-21。

増田幸一（2007）「中小企業のブランド構築―中小企業の競争力の源泉―」『九州共立大学経済学部紀要』109，55-69，九州共立大学。

藤井龍二（2010）『ロングセラー商品誕生物語』PHP研究所。

藤本隆宏（1997）『生産システムの進化論―トヨタ自動車にみる組織能力と創発プロセス』有斐閣。

前川洋一郎・末包厚喜・池澤威郎・久保田典男・渕上清二・本谷るり・吉川智教・後藤佳菜子（2011）『老舗学の教科書』第3編，第10章，171-172，同友館。

町田雅子（2008）「男前豆腐店（京都・南丹市）磨きぬいた品質とデザインで新たな豆腐の世界を作り出す」『商業界』61（4），24-29。

水口眞一（2010）『包装技術実務入門』日刊工業新聞社。

水越伸（1993）『メディアの生成：アメリカ・ラジオの動態史』同文舘出版。

茂木茂夫・山本敏・太田静行（1999）『食品の包装』幸書房。

山﨑泰明（2013）「ファミリービジネスにおける経営者のケイパビリティ-イノベーションを担う経営者のケイパビリティに関する研究-」立命館大学学位論文。

山田幸三（2016）「ファミリービジネスの経営戦略」，奥村昭博・加護野忠男編著，ファミリービジネス学会編『日本のファミリービジネス―その永続性を探る』，第4章，中央経済社。

参考文献

参考URL

NTTコムウェア（2013）『ニッポン・ロングセラー考』Web COMZINE，2013.10.28号。
(http://www.nttcom.co.jp/comzine/new/long_seller/ind ex.html)
男前豆腐店株式会社ホームページ，2015年12月3日検索。
(http://otokomae.jp/)
黒本和憲（2015）「インダストリー4.0 Summitレビュー　コマツ　IoTを活用した新サービスが競争優位性の源泉に」『日経ビジネスONLINE』，2017年12月23日検索。
　(http://special.nikkeibp.co.jp/atclh/NBO/15/i40summit1123/p3/index.html)
コマツ（株式会社小松製作所）ホームページ，2017年12月23日検索。
(https://home.komatsu/jp/)
コマツ（2015）「建設現場ICTソリューション「スマートコンストラクション」を開始」『コマツ　ニュースリリース　2015年01月20日』,2017年12月23日検索。
(https://home.komatsu/jp/press/2015/management/1187830_1576.html)
コマツ（2017）『環境報告書2017』,2017年12月24日検索。
(https://home.komatsu/jp/csr/environment/　)
相模屋食料株式会社ホームページ，2015年12月3日検索。
(https://sagamiya-kk.co.jp/)
瀧本大輔（2006）「コマツ　「ダントツ商品」で目指す悲願の世界一」『日経ビジネスONLINE』，2017年12月23日検索。
(http://business.nikkeibp.co.jp/article/topics/20060721/106684/)
中小企業庁（2015）『2015年版中小企業白書』，2016年1月4日検索。
(http://www.chusho.meti.go.jp/pamflet/hakusyo/index.html)
辻製油株式会社ホームページ，2016年12月23日検索。
(http://www.tsuji-seiyu.co.jp/)
西村訓弘（2011）「2011年7月号　連載　大学の社会貢献・産学官連携　三重モデル　第5回地域活性化の新しい連携の仕組みを試行」『産学官連携ジャーナル』2016年12月23日検索。
(https://sangakukan.jp/journal/journal_contents/2011/07/articles/1107-06/1107-06_artiart.html)

■ 執筆者紹介

山﨑 泰明（やまさき やすあき）……第３章～第４章執筆

1985年	法政大学経済学部卒業
1985年	三洋証券株式会社入社
1997年	いちよし証券株式会社入社（2012年～2016年 同社代表執行役社長）
2008年	明治大学大学院グローバル・ビジネス研究科修了（専門職学位 経営管理）
2014年	立命館大学大学院テクノロジー・マネジメント研究科博士課程後期課程修了（博士 技術経営）
2016年	いちよしビジネスサービス株式会社代表取締役会長　現在に至る
2017年	立命館大学OIC総合研究機構　客員研究員
2018年	山野美容芸術短期大学　特任教授

主要実績

1. 「ファミリービジネスのイノベーションに関する研究」山﨑泰明, 玄場公規,『ファミリービジネス学会誌』, No.2, pp.51-64,（2012年）
2. 「食品業界のファミリービジネスによる新市場創造とロングセラー商品のマーケティング戦略」山﨑泰明, 玄場公規,『市場創造研究』, 第２巻, pp.41-50,（2013年）
3. 2012年ファミリービジネス学会賞受賞

西岡 慶子（にしおか けいこ）……第５章執筆

2000年	関西学院大学大学院商学研究科博士課程前期課程修了
2001年	株式会社光機械製作所代表取締役社長に就任(現任)
2015年	井村屋グループ株式会社社外取締役就任(現任)
2018年	大阪大学大学院工学研究科ビジネスエンジニアリング専攻博士課程後期課程修了(博士 工学)　現在に至る

主要実績

1. 「老舗企業のCSV戦略による地域活性化　～共通価値の創造が日本を元気にする～」, 西岡慶子, 玄場公規, 上西啓介, 加賀有津子, 地域活性学会第８回研究大会論文集「小さなまちの挑戦～地方創生とまちづくり」,（2016年）
2. "Competitive Advantages through CSV　Quantitative analysis of CSV-promoting companies," Keiko Nishioka, Kiminori Gemba, Keisuke Uenishi, Atsuko Kaga, The 2nd IIAI International Conference on Business Management of Technology,（2017年）
3. "Competitive strategy of family businesses through CSV – case study of a family business in Mie Prefecture, Japan, " Keiko Nishioka, Kiminori Gemba, Keisuke Uenishi, Atsuko Kaga, International Journal of Business and Systems Research, Vol.12, No.2,（2018）

今橋 裕（いまはし ひろし）……第6章執筆
2016年　立命館大学大学院テクノロジー・マネジメント研究科博士課程前期課程修了（首席）（修士　技術経営）
2016年　大阪大学大学院工学研究科ビジネスエンジニアリング専攻博士課程後期課程入学　現在に至る
主要実績
1. "Strategies for the Brand-building of Small- and medium-sized Enterprises," Hiroshi Imahashi, Kiminori Gemba, Keisuke Uenishi, The 1st IIAI International Conference on Business Management of Technology, (2016年)
2.「食品製造業における技術革新と戦略変化の関係性」今橋　裕, 上西啓介, 玄場公規, 研究・イノベーション学会第31回年次学術大会講演要旨集, pp.748-751,（2016年）
3. "Brand management of small and medium-sized enterprises in Japan," Hiroshi IMAHASHI, Keisuke UENISHI, Kiminori GEMBA, International Journal of Japan Association for Management Systems, Vol.9, Iss.1, pp.79-84, (2017年)

■ 編著者紹介

玄場 公規（げんば きみのり）……第1章～第2章執筆

1990年	東京大学工学部卒業
1992年	東京大学大学院工学系研究科修士課程修了（工学修士）
1992年	株式会社三和総合研究所入社
1999年	東京大学大学院工学系研究科博士課程修了（学術博士）
1999年	株式会社三和総合研究所退職
1999年	東京大学大学院工学系研究科 助手
2001年	東京大学大学院工学系研究科 寄付講座助教授
2004年	芝浦工業大学大学院工学マネジメント研究科 助教授
2006年	立命館大学テクノロジー・マネジメント研究科 教授
2015年	法政大学大学院イノベーション・マネジメント研究科 教授　現在に至る
2016年	大阪大学大学院工学研究科　招へい教授　（現任）
2017年	創業経営学湘南研究所　理事長　（現任）

主要実績
1. "Diversification Dynamics of the Japanese industry", Kiminori Gemba, Fumio Kodama, Research Policy, 30 (8), pp1165-1184, (2001年)
2. "A Quantitative Analysis of Modularization in the Automobile & PC Industries," Kiminori Gemba, Haruhisa Ogawa, Fumio Kodama, Technology Analysis and Strategic Management, 17 (2), pp231-245, (2005年)
3. 『イノベーションと研究開発の戦略』玄場公規，芙蓉書房，(2010年)

■ ファミリービジネスのイノベーション

■ 発行日──2018年4月16日　初版発行　　　〈検印省略〉
■ 編著者──玄場公規
■ 発行者──大矢栄一郎
■ 発行所──株式会社　白桃書房
　　　　　〒101-0021　東京都千代田区外神田5-1-15
　　　　　☎03-3836-4781　📠03-3836-9370　振替00100-4-20192
　　　　　http://www.hakutou.co.jp/

■ 印刷・製本──藤原印刷

Ⓒ Kiminori Gemba 2018 Printed in Japan　ISBN 978-4-561-25711-0 C3034

本書のコピー，スキャン，デジタル化等の無断複製は著作権法上での例外を除き禁じられています。本書を代行業者等の第三者に依頼してスキャンやデジタル化することは，たとえ個人や家庭内の利用であっても著作権法上認められておりません。

JCOPY　〈(社)出版者著作権管理機構　委託出版物〉
本書の無断複写は著作権法上の例外を除き禁じられています。複写される場合は，そのつど事前に，(社)出版者著作権管理機構（電話03-3513-6969，FAX 03-3513-6979，e-mail：info@jcopy.or.jp）の許諾を得てください。落丁本・乱丁本はおとりかえいたします。

好 評 書

氏家　豊【著】
イノベーション・ドライバーズ　　　　　　　　　　本体 3,000 円
　　—IoT 時代をリードする競争力構築の方法

中村裕一郎【著】
アライアンス・イノベーション　　　　　　　　　　本体 3,500 円
　　—大企業とベンチャー企業の提携：理論と実際

鈴木智子【著】
イノベーションの普及における正当化とフレーミングの役割　　本体 3,500 円
　　—「自分へのご褒美」消費の事例から

榊原清則・辻本将晴・松本陽一【著】
イノベーションの相互浸透モデル　　　　　　　　　本体 2,800 円
　　—企業は科学といかに関係するか

石井正道【著】
非連続イノベーションの戦略的マネジメント　　　　本体 2,800 円

元橋一之【編著】
日本のバイオイノベーション　　　　　　　　　　　本体 3,800 円
　　—オープンイノベーションの進展と医薬品産業の課題

後藤俊夫【編著】嶋田美奈【著】
ファミリービジネス　　　　　　　　　　　　　　　本体 2,800 円
　　—知られざる実力と可能性

金　泰旭【編著】
地域ファミリー企業におけるビジネスシステムの形成と発展　本体 3,000 円
　　—日本の伝統産業における継承と革新

落合康裕【著】
事業承継のジレンマ　　　　　　　　　　　　　　　本体 3,200 円
　　—後継者の制約と自律のマネジメント

———— 東京　白桃書房　神田 ————

本広告の価格は本体価格です。別途消費税が加算されます。